爱满校园：
"我的教育小故事"评析与拓展

主　编　韩　宁　谢宏卫　林春辉

副主编　林　坚　梁秋成

西北工业大学出版社

西　安

【内容简介】 本书集结了多位一线教师的教育小故事。这些故事，情节真实感人，爱意浓浓醉人，展现出一个个师德高尚的人民教师形象，呈现了在爱的浇灌下，我们的苗子茁壮成长，祖国未来充满希望的迷人景象。

根据故事的精神导向及教师的教育理念，对每个小故事进行了评析与拓展，使之成为一篇篇富有教育情怀和思想启蒙的点拨短文。这样有效提高了故事本身的教育境界，有力丰富了故事的思想内涵，让读者在阅读故事中产生共鸣，在评析与拓展中增长理论知识。

本书适合教育行业的相关人员阅读、参考，有助于教师提升自身教育水平和工作效率。

图书在版编目（CIP）数据

爱满校园："我的教育小故事"评析与拓展 / 韩宁，谢宏卫，林春辉主编. — 西安：西北工业大学出版社，2020.5

ISBN 978-7-5612-6727-1

I.①爱… II.①韩… ②谢… ③林… III.①中学教育-文集 IV.①G63-53

中国版本图书馆 CIP 数据核字(2020)第 061922 号

AI MAN XIAOYUAN : "WO DE JIAOYU XIAOGUSHI"PINGXI YU TUOZHAN

爱满校园 ： "我的教育小故事"评析与拓展

责任编辑：李文乾		策划编辑：雷 鹏	
责任校对：马小红		装帧设计：吴志宇	
出版发行：西北工业大学出版社			
通信地址：西安市友谊西路 127 号		邮编：710072	
电 话：（029）88493844 88491757			
网 址：www.nwpup.com			
印 刷 者：广东虎彩云印刷有限公司			
开 本：710 mm×1 000 mm		1/16	
印 张：10.125			
字 数：204 千字			
版 次：2020 年 5 月第 1 版		2020 年 5 月第 1 次印刷	
定 价：68.00 元			

如有印装问题请与出版社联系调换

序

爱因斯坦曾说:"所谓教育,是忘却了在校学得的全部内容之后所剩下的本领。"这道出了教育工作者的工作目标,这一目标给我们指定了工作方向——学生本领的教育。通俗地理解,教育就是一个人的能力、理念、思维、习惯等有利于终身受用本领的练就过程。这一过程,是诸多内因与外因的交融升华,是家庭、学校、社会三位一体深度联动的结果,是教育者付出汗水与智慧的硕果,更是一种看不见、摸不着的"爱"的结晶。

苏霍姆林斯基曾说:"没有爱,就没有教育。"是的,教师的爱是滴滴甘露,即使枯萎的心灵也能苏醒;教师的爱是融融春风,即使冰冻的感情也会消融。

"爱"是一滴水,能润泽世间万物;"爱"是一片绿叶,能衬托红花之美;"爱"是一缕春风,能唤醒沉睡的生命。

爱,是教育工作者的方式,也是一种教育行为,一种心与心的交流过程。用爱倾听每一位学生心底的声音。没有倾听,就没有了解;没有了解,何来熟悉;没有熟悉,爱自然就会遥不可及。就算付出了爱,也可能是泛滥的爱、错误的爱。这样的"爱",是不会有好的结果,只是与教育初衷背道而驰。

教育者之所以伟大,在于他永远牺牲自己,照亮别人。是的,这是蜡烛之魂,春蚕之品,园丁之举。我们愿做鼓荡着爱与温暖的春风,使学生只需轻轻一跃便腾空而起,在成长的天空里展翅高飞;我们愿精心耕耘着百花园,以园丁精神换取百花吐艳;我们愿倾心浇灌着我们的果园,以无私的呵护换取累累硕果。

教育者之所以伟大,在于他们把机会让给学生,把精彩留给学生,把掌声送给学生,把爱心献给学生,把希望带给学生,自己甘当绿叶和沃土。

教育者之所以伟大,是因为每一棵幼苗,都能在那里获取水分与阳光,收取自信前行的动力和能量。"多一份赏识,就多一份成功的希望",这是教育者工作的主旋律。"桃李满园竞芳菲,碧血丹心写未来"不是空谈,更不是梦呓,而是一张正在描绘着的绚丽画卷。

校园,是学生生活的场所,是学生成长的摇篮。充满爱的校园,是我们彼此永远追求与共筑的梦想。因为这里,是莘莘学子扬帆远行的起点,是追忆儿时的相册,是感悟人生的启蒙地。

校园的爱,来自学生之间的互助,来自师者的关心与宽容,来自家长的鼎力相助……

我们的校园充满欢声笑语,蕴含浓浓爱意。这爱意有时在课堂中挥洒,有时在交谈中浇灌,有时是窃窃私语……这些,就是在校园里随处可见的"爱"源,是一种可以哺育莘莘学子的营养。

基于对"爱"的渴望，对"爱"的忠诚，我们一直以"捧着一颗心来，不带走半根草"的工作态度予以实践，予以升华，予以诠释，最终汇集成了这本《爱满校园》——用爱装满校园，用爱装饰校园，用爱滋润校园，用爱经营校园……

《爱满校园》，是一本接地气的校本著作。故事的作者，均活跃在教育教学第一线，是踏踏实实的教育实践者。他们最具话语权，是学生们的良师益友，是直接与学生零距离对话的使者，是践行"传道、授业、解惑"的先行者。在日常工作中，他们勤于教学，乐于育人，用自己的耐心、爱心转化一位又一位学困生；他们用自己的智慧，改变一个又一个班级的班风、学风；他们是学校教育的模范，为各位同行提供了鲜活的参考案例，助推学校教育管理工作更好地发展。

《爱满校园》，是一本将部门常规工作成果化的典型著作。书中的小故事，来自本单位(湛江市第二十四中学)近三年校内开展的三届"我的教育小故事"评选活动中最为优秀与感人的作品。本书集领导智慧与管理理念为一体，集管理工作与成果转化为一体，集教师工作理念与工作效果为一体，给读者呈现的是一项立体化的成果。这一做法，希望对每一位学校领导，每一位中层干部，每一位一线教师都具有一定的学习与借鉴意义。学习与借鉴其工作立足点的深远，学习与借鉴其思想提炼的接地气，学习与借鉴其坚持不懈之韧劲，学习与借鉴其不畏艰难之勇气。正所谓：世上无难事，只要肯攀登。

大鹏一日同风起，扶摇直上九万里。《爱满校园》的出版，表明本校教师专业发展校本管理研究成果已具雏形。我们将一如既往，砥砺前行，丰富实践，不断开创新局面，勠力提炼新成果，继续为全体师生搭建平台，为教育事业做出应有的贡献。

编 者

2019 年 8 月

目　　录

1 让掌声响起来

孔丽颖

"赠人玫瑰，手有余香"，所以我始终相信，将网撒在哪里，收获就在哪里。

他，总喜欢不分青红皂白地谩骂别人，在班里是个极特别的"人物"。本也觉得他是个可怜的孩子，毕竟上天不是对每个人都公平。但他招惹的事往往让我应接不暇，在焦头烂额之际，批评的言语里便夹杂些许厌恶的情绪。甚至有时候看到他徘徊在办公室外的身影，我就想避而远之。要不是那一次，或许我记住的只会是他不可理喻的顽劣。

那天，操场上初一全年级集会，散会时，雨突然像铁条一样从天空唰啦啦地洒下来，而且一发不可收拾。学生们都像一只只矫健的燕子勇敢地冲进雨里，跑向对面的教室。顷刻，学生们已跑了一大半。望着密织的雨帘，我还是没有挑战的勇气。突然，对面跑来一个人，手里拿着一把伞，却没有撑开，整个人就这样暴露在雨里，一蹦一蹦避开地上积水的地方，急冲冲来到我的面前，把伞递给我，只说了声"老师，给你"，然后，重新一蹦一蹦地消失在雨幕里，丝毫不理会我在后面的大叫"等等，我遮你过去……"雨打在伞上，就像敲进我心里。原以为他早就恨透了我，然而，当大雨倾盆，心系师者的却是他。在他的世界里，也许单纯得容不下伤心和仇恨，只一味宽容与快乐，那么纤尘不染，那么白璧无瑕，而我，差点把那份纯真磨灭了。回到教室，我当众表扬了他，并拿出一支笔作为奖励。掌声响起，他红着脸走上讲台，把头埋进高举的双臂里，接过笔的那一刹那，他问我："老师，为什么要表扬我？"我汗颜，笑而难答，心里有一个声音，孩子，你听见了吗？"因为你的善良！"

他，每次被提问都是紧闭双唇，每次让读书都是三缄其口，无论问什么，除了摇头便是点头，"沉默是金"在他身上"熠熠生辉"。就连偶尔在走道里相遇，他也是面无表情地擦身而过，颇有种"众人皆醉我独醒"、不与世俗同流合污的"高风亮节"，真琢磨不透那小小的脑袋里究竟装着什么。既然还要"兼顾天下"，那么就让他"独善其身"吧，毕竟人各有志，毕竟除了沉默不语和不爱学习，他也没有什么大的缺点。可那次，他却一改初衷。

那堂课，我要求学生"开火车"读生字，阴差阳错地随意一指，竟是他所在的那排，要知道平日提问时为了避免尴尬我总是小心翼翼避开他。最为苦恼的是，事先还发下狠话：轮到谁都必须开口拼读！可真是"哪壶不开提哪壶"啊！轮到他时，他站了起来，依然面无表情地沉默着，像极了一尊塑像。那一刻，就像是过了一个世纪那么漫长，我突然与易安居士隔空相望，"这次第，怎一个愁字了得"。

1

正当搜尽枯肠仍然无计可施时，不知道是他读懂了老师眼里的焦虑还是迫于老师眼神中的凌厉，他终于还是嘴唇一抿，轻轻发了一个音。我就像是听见了天籁之音，如获至宝，大声表扬了他，全班同学报以热烈的掌声。他的眼睛掠过一道光，整个人精神抖擞。后来，虽然还是不会大声读书，虽然还是不肯当众背书，但他默记在心的认真全收在了我的眼里。他变了，沉默里有了热爱学习的温度。

她，不爱听课不爱做作业，就连课堂也是她的笑场。屡教不改后终于有一次我当众狠狠批评了她，那么严厉的言辞，连我自己都觉得有点过分。可是她，面无惧色，依然淡定，依然从容。内心之强大，让我不禁黯然神伤，非我族类也！同学们也纷纷指责身为女生的她的无知，可她依然我行我素。也曾很努力地想要找到可以与她沟通的交集，无奈平行线却注定了固执到宁可被擦除也还是相视而行。我以为，在相处的日子时，唯有彼此煎熬着踽踽而行吧，一如漫无边际的黑夜难见光明。偶尔有一次上课，可能是累了或许是乏了，她难得的安静。看在眼里，笑靥却如花灿烂在我的心里。下课前我特意表扬了她，当掌声响起，她愣了许久，呆滞了许久，然后，脸红到了耳根。我狠狠舒了一口气，仿佛看到一块拒绝融化的冰在仰望太阳的高度。踏上月球的尼尔·阿姆斯特朗说："这是我个人的一小步，但却是人类的一大步。"而她迈出的一小步，却是我满载而归的一大步。曾经，对她无计可施的我，看到了作文本里她稚拙的笔触下情真意切的点点滴滴，看到了凝眉思考问题时那么温柔静好的样子，看到了从那以后，教室里多了一位认真听讲、按时完成作业的好孩子。

有些事，既不惊天也不动地，掌声响起后，它们却如随风潜入夜的丝丝春雨润泽心田，使心灵的园圃绽放出骄人的花朵。即使夜色迷茫，心里却灿若白昼，掌声里有你的进步，也有我的坚守。如歌所唱"一路上有你，苦一点也愿意，就算是为了分离与我相遇；一路上有你，痛一点也愿意，就算这辈子注定要和你分离……"

评析与拓展：

本则故事，语言精致优美，颇具散文的味道，所以读起来感觉非常舒服，非常动情！故事的最后，作者阐明了自己的一点感悟："有些事，既不惊天也不动地，掌声响起后，它们却如随风潜入夜的丝丝春雨润泽心田，使心灵的园圃绽放出骄人的花朵。即使夜色迷茫，心里却灿若白昼，掌声里有你的进步，也有我的坚守。"

基于以上案例的分析，谈谈给予学生掌声的积极影响。

马斯洛需求层次理论将人类需求从低到高分为五种，分别是生理需求、安全需求、社交需求、尊重需求和自我实现需求。其中尊重需求，是第四阶层的高度，重要性可见一斑。"每个人都渴望得到肯定"，这是每个人的心理需求。因为，得到别人的肯定能增强一个人的自信心，得到别人的肯定能产生向前迈进的动力。

学生，是一个受教育的对象，上学期间是比较迷茫的阶段，老师说他行，他就觉得自己行，如果老师整天说他不行，那他就真的会失去行动的动力，失去向前迈进的勇气，后果不堪设想。因为没有一个人是做着事来等着人家批评的。

换言之，我们给予学生的掌声，特别是那些学困生或有特殊问题的学生，作用就更大啦！因为对他来说，掌声就是及时雨，就是改变的开始，就是被老师肯定的象征，也是证明自己还行的最直接方式。所以说，作为一线教育工作者，别吝啬我们的掌声。我国教育家陶行知先生曾经告诫我们："你的教鞭下有瓦特，你的冷眼里有牛顿，你的讥笑里有爱迪生。"孩子就是未来的花朵，就是祖国的希望，长大后会怎么样，真的是个未知数。这类事例比较多，在这不进行举例说明。

掌声对老师来说，不用任何成本，不费一点力气，但对学生来说，就是莫大的鼓励与充分的肯定。希望每一位教师予以重视，高效利用好这一利器，引领孩子们意气风发、满怀激情地在人生道路上奔跑。

2 心有春天 满眼芳菲

梁丽群

春暖花开，花红柳绿。春意盎然的校园，操场边一树树花开。笑颜如花的孩子们，奔跑在铺满阳光的运动场上。暖春气息扑面而来，满眼芳菲。

春天，你好！

此时的眼前，万物在复苏，在升腾，在萌发。应接不暇的景象，不由分说地把我的思绪拉回到了去年六月——那个美丽的毕业季。

六月的夏花，悄然盛开，毕业季的脚步如期而至。时光荏苒，和孩子们朝夕相处的六年不经意间逃去如飞。六年来，我们一路欢歌，携一路幸福，采一路芳菲，就算万般不舍，分别的脚步还是匆匆到来。

机缘巧合，毕业前夕，我这个数学老师摇身一变，要给孩子们上一节与校园文化生活有关的"综合实践"公开课。虽然时间紧迫，但我不想敷衍，因为我想把这堂与众不同的课作为礼物送给我最爱的孩子们，给孩子们留下一个美好的回忆。就这样，我开始了认真的备课和课件制作。

首先是进行六年校园生活的图片采集。我从电脑里找到了六年来孩子们的照片，周末拿着相机拍遍了校园的每一个角落，生怕错过了每一个宝贵的瞬间，生怕错过了每一幅值得回味的风景。我甚至还来到了孩子们一年级时的教室门前，门前花坛里在风中摇曳的小花儿，我和孩子们也曾用爱把它浇灌，六年间花开花谢，如今美丽依然。六年前，绿树成荫的大榕树下，我和孩子们一起跳绳、踢毽子。芒果树下的乒乓球台，师生对阵也曾热火朝天……制作课件时，上百张的图片我一张也不忍割舍，一边整理一边感慨：时间都去哪儿了？六年前那一群掉了门牙的小萝卜头们，不经意间都长成了大姑娘、小伙子。你们这些小淘气、小精灵啊，这六年来不知给老师留下了多少美好回忆！

公开课如期而至。已经数不清是第几次给孩子们上公开课了，我觉得已经胸有成竹了，但没想到当天的剧情发展却完全不受我的控制。伴随着《校园的早晨》那优美的旋律，美丽的校园风光和孩子们一个个的精彩瞬间，一张张地展现出来，每一位孩子都是今天最亮的主角。孩子们瞪大眼睛静静地欣赏着屏幕上的自己，我静静地看着孩子们。不知不觉，我的眼睛朦胧了。我侧过头去试图拭干眼中的热泪，但完全于事无补……音乐一停，我竭尽全力调整情绪，我想掩饰自己，但却讲不出一句话来。此时，热烈的掌声悄然响起，在教室里回荡，久久不息。谢谢你们，我亲爱的孩子们！感谢我们的遇见，感谢你们的纯洁善良，感谢你们给老师带来了六年的快乐和幸福……

看，这是一张师生一起载歌载舞的珍贵照片，记录下了我们一年级时的欢乐时光。那是学校首届大课间操表演，老师扮演兔妈妈，领着你们二十几只活蹦乱跳的小兔子，第一个闪亮登场，和着热力十足的节拍，在热烈的掌声中，我们拿下了一等奖，师生激动地拥抱在一起，每个人脸上都洋溢着灿烂的笑容。

瞧，绿茵场上的这张全家福，记下的是我们班在首届校园足球赛上首战告捷的欢乐场面，孩子们激动万分，笑得龇牙咧嘴。身为数学老师的我是个体育迷，当时摇身一变成了代理足球教练，带着孩子们冲锋陷阵。风雨中我们一起呐喊助威，神勇的小黄同学竟然上演了帽子戏法，连中三元。我班首战告捷，狂呼声此起彼伏。

最触动我心灵的，是一张湖光岩玛珥湖前的全班集体照。看着这张照片，想起当时的心情，热泪夺眶而出，只想对可爱的孩子们说：谢谢你们！是你们，让老师坚强、快乐和幸福。

那还是二年级的时候，突如其来的身体不适，毫无思想准备的医院的检查结果，吓到我两腿发软，眼前发黑。在爱人的搀扶下，我才熬回了家。在我六神无主的时候，是坚强冷静的爱人给了我巨大的支持，决定带我去上海的权威医院看病。我还清楚地记得，到上海时已是华灯初上，站在繁华国际大都市的大街上，我却无心欣赏美景，心冷到了冰点。就在那时，我收到了班上小磁同学发来的信息："老师，您怎么了？身体不舒服吗？您已经有三天没有来给我们上课了，我们好想你啊。下周我们就要去秋游了，我们还等着您和我们一起去玩呢……"读完信息那一瞬间，站在异乡街头的我，心头一暖，两行热泪止不住地流了下来。片刻，我整个人豁然开朗起来，我要回去和孩子们一起去秋游！我不能萎靡不振，我是我家宝贝的妈妈，我是丈夫的妻子，我还是孩子们的老师。我背后有多少爱我的人和我爱的人在支持着我，我不能倒下去。人生谁还能不遇到个坎儿呢？加油！加油！我开始为自己打气，我一定可以的！谢谢你，可爱的孩子，你这条暖心的信息，给了老师无穷的力量啊！

第二天，我有幸见到了德高望重的权威医生，医生的亲切鼓励还有良好的治疗方案，让我整个人轻松起来。背着两麻袋的中药，我满怀希望快速赶回了湛江，赶上了孩子们的秋游。因为几日不见分外想念，我一进校园，可爱的孩子就像叽叽喳喳的小鸟瞬间把我包围。小林首先把一个热乎乎的汉堡包塞进了我的背包，接着，我都还没有看清是谁，孩子们一下子把糖果、水果、饼干、巧克力塞满了我的背包。那一刻，我忘记了前一天还在上海的烦恼，瞬间被温暖包围。可爱的孩子，因为有你们，老师是多么的幸福啊。到了湖光岩，我和孩子们牵手散步在风景如画的玛珥湖畔，大家一起放声歌唱，所有的烦恼都抛到了九霄云外。坐在如镜的玛珥湖前，我整个人的心境也渐渐平复了。

一切又恢复了平静。站在我热爱的讲台上，我找到了坚强的力量，课堂又成了我与孩子们心心相通的地方。虽然，几年来每天都必须喝着大碗大碗的中药，但我从不怨天尤人。与孩子们在一起，我时常会忘记自己的病痛，自信与笑容会写在脸上，我坚信乐观开朗就是最好的良药。这些可爱的孩子们，给予了我无比的欢乐与幸福。

珍贵的回忆信手拈来。忘不了，在教室里孩子们为我齐唱生日歌，送上香甜的生日蛋糕；忘不了，开学第一天全班学生写给我的心里话，孩子们把我当作温暖的妈妈，句句饱含深情，至今我还珍藏在抽屉里……

六年的快乐时光，有多少美好回忆，又岂是只言片语所能表达的。

只愿草儿清香遍地绿，花儿芳菲满园香。

我亲爱的孩子们，谢谢你们！

孩子们，你们就是老师心中永远的春天！

评析与拓展：

本则故事，围绕一节综合实践课的准备和开展，谈及了好几个感人的小故事。故事情节真实感人，语句描述华丽多彩，给我们呈现出一位永远怀抱春天的人民教师形象。同时还有力地告诫我们：只有心有"春天"，才能满眼芳菲。

在这则故事的感染下，笔者谈谈如何才能做到"心有春天"的几点建议。

第一，一颗真挚的教育心。爱因斯坦曾说："所谓教育，是忘却了在校学得的全部内容之后所剩下的本领。"这是教育的最终目标。这一目标，给我们指明了教育的方向，就是培养学生学习本领。换句话说，就是培养学生能力，再直接点，就是培养学生生存的能力。这绝不是一日之功，更不会是掌握几个生字词，会算几道数学题这么简单。当然，这不是单独完成一个层面的工作就能达成目标，而是经过 N 个程序的实践、提炼、反思、升华、取舍后，留下的东西。作为一位教育执行者，我们除了有这样的培养理念外，最重要的就是一颗真挚的经营教育之心，有一颗长期静待花开的耐心，有一颗培育花开的无私之心，不然，就会出现揠苗助长的现象，这是完全有悖于我们教育初衷的。

第二，一颗真诚的爱生心。"教育植根于爱。"这是鲁迅先生的教育名言。是的，有了爱，心与心之间的距离方能近一些；有了爱，我们的行动方能不拖泥带水；有了爱，师生之情方能平静如水；有了爱，我们的沟通方能如鱼得水。"土扶可成墙，积德为厚地"，学生在我们真诚的爱土中，会健康成长，快速成才。

第三，一颗真正的学习心。"身为教师，学习是我们思想永远年轻的活力源泉"，这也印证了"身有书香境自高"的哲理。现如今，好多一线教师，"只低头拉车，不抬头看路"，工作了一辈子，一辈子一份教案，却不知，随着信息技术的不断推进，我们的学习途径已发生了翻天覆地的变化，"以前教科书是学生的世界，现如今世界是学生的教科书"。所以，我们的教学工作不能穿旧鞋走老路，需要更新换代，与时俱进，这就需要我们有一颗真正的学习之心，为了自己，更为了我们的孩子。

春天，是生命的季节；春天，是希望的象征。我们要有一颗教育心、爱生心、学习心，一颗永远"春天"的心，自然就会满眼芳菲。

3　都是标准答案惹的祸

谢宏卫

最近，笔者亲身经历了一个这样的故事：

一个 6 岁的小女孩参加当地文化推广小达人的比赛活动，其中有个环节是现场情境问答，也就是现场随机抽题，即刻回答。选手的老师为了让自己的苗子在该环节表现得更加完美，免费安排了一次培训课程。培训正式开始后，这位小女孩第一个回答了老师所提出的情境问题，信心满满！正期待着指导老师的表扬时，老师是这样说的："你的回答不错！基本说出了要点，但还应该……"虽然这是一个再正常不过的点评，但给这一个只有 6 岁的小朋友敲下了重重一棒，让她感觉到自己的回答还不行。自己的回答是不行的，最为直接的感受就是自己的回答跟老师的不一样，是错的，所以这个小女孩从此就不愿说话了，剩余的 31 道情景问答题她一道都不愿意回答！这是为什么呢？

在现场，老师也多次请她继续分享自己的想法，但她就是不肯回答，不再参与！当时我在现场，也很不是滋味，频频想："是什么原因让这个最为积极的小女孩不再开口了？"

相信好多人读到这里，还在怀疑这个小女孩是不是没想好，是不是不想说，是不是有其他想法，诸如此类观点再正常不过。但深究一下，答案就一目了然。

这一现象的出现，不是因为孩子胆小，或者没想好答案，而是孩子不想再被老师批评了，不想再被老师敲第二棒。想一想，不管这个小孩怎么说，肯定都是小孩基于自己的生活实践，从自己的思维出发，说出心中所想，本想得到老师的认可，最后却被一个“但是”基本否定了，随后必须进入老师(成年人)的思维，必须按照所谓的标准答案回答。试想一下，还有谁愿意继续分享自己的想法？不说是一个 6 岁的小孩想不出老师心中的答案，就连我们同龄人，甚至您的指导老师都不一定能和您想到一起。以此看来，我们平时的要求是不是太过分了？是不是太理想化了？

这也难怪，在当天的第二个情境问答的指导时，出现了可笑的一幕。

老师把第二道情境问答的题目读完时，问：“谁来试试？”场下鸦雀无声，甚至有点紧张，老师再三追问：“谁来试试？”在不得已的情况下，有位四年级的选手，心惊胆战地说了一句：“老师，我们应该怎么答？”这一句反问，让我非常惊讶，我们的教育怎么啦？一道非常常规的生活情境问答题目，按理说，大家都能畅所欲言，说出自己的看法，即使不会特别精彩，但起码得有啊！可是我们的学生却是等待老师的提示，等待老师的指点，我们的孩子怎么啦？层层的问题和怪象，让我陷入了沉思。

如果仔细想一想，回忆自己的读书经历，回忆一些课堂的问答情境，答案呼之欲出。这一现象就是老师和家长们用“激情”和“汗水”种下的“苦”果。听过一句话：“孩提时，我们带着一大堆的疑问来到世界，可等毕业时，却一个疑问都没有啦！”这一过程，不是老师全部解决了小孩的疑问，也不是小孩没有问题，而是老师、家长们让学生们变得不敢有疑问。为什么这么说呢？请看看下面几个师生对话的场景：

“就你问题多！”这么一说，想想这位学生以后还会去问问题吗？还会参与课堂活动吗？对其他似懂非懂的同一水平的学生，影响有多深远。

“你的提问很好，稍后再回答你！”由于不是老师想要的问题效果，就不了了之。以后，这位学生会因为揣摩不了老师的想法，永远不会再提出自己的问题，久而久之，就没问题了！

“你的回答非常棒！但还有更好的吗？”这么一问，直接告诉大家，这样的答案不是最好的。想想，还有哪位学生敢回答？因为学生会认为，我不管怎么说，都不会是最好的。这一现象，除了正面打击这位学生的积极性外，也把后面的拓展之路全堵上，冷场就成为非常正常的现象！

……

到这里，相信大家都有了同感。社会上，因为这一所谓的"标准答案"扼杀了多少位孩子的天性，扼杀了多少位中国的爱迪生，泯灭了多少位振兴民族的开拓者。

回到我们的教育，所谓的"标准答案"真的很重要吗？"标准答案"就一定是对的吗？不用我回答，相信大家都心知肚明。所谓的"标准答案"也是一些或者某一位专家的想法，是目前，甚至还是前一时期，基于社会发展需要或现状的分析而得出的暂时参考方向，而老师、家长，却把它当"神"，作为唯一的答案，要求学生必须按照这个来说，来答，学生说不出，就绞尽脑汁，千方百计把学生引导过来。多么可怕的教育现象，多么可悲的教育现象。这一置学生的主体经验而不顾，置学生的年龄特点、时代发展现状而不顾，盲目地把教参或网络的答案强加给学生，这样的教育，是我们需要的吗？建议大家三思。

《礼记·学记》有曰："故君子之教喻也，道而弗牵，强而弗抑，开而弗达。道而弗牵则和，强而弗抑则易，开而弗达则思。和易以思，可谓善喻矣。"希望老师和家长，谨记以上的教育理念，尽早还给学生一片能在思维上自由飞扬的天空，还给学生一个敢于表达自己想法的自由天地，还给学生"我是课堂的主人、我是社会的一份子"的真实感觉。

评析与拓展：

这则故事颇具现实性，因为是作者亲身经历的事情，所以描述得很全面，谈论得很深入，给予读者很多启发和共鸣。

启发：我们都是生活的一份子，想做生活的主人、教育的主人，就必须留意自己身边的每一件事，想办法做好工作的同时，还要及时进行总结反思。通过总结反思，不断完善自己的教育教学工作，形成较为鲜明的教育理念，做一位专家型的教师。

共鸣：其实，最难决定的就是如何进行教育？别以为我们天天在探索，时时在实践，就可以为所欲为或者信手拈来。不是的！学生是时代进步的载体，随着时代的进步，学生成长途径增多和认识手段也发生改变，现在不是我们老师说了算的时代啦！正如一句话所说："过去教材是学生的世界，今天世界是学生的教材。"当前，学生获取知识的途径非常多，课堂只是其中的一种，如果我们再不转变观念，还老是揪着教材不放，学生在老师的要求中慢慢就会丧失学习的积极性和主动性，形成依赖老师的习惯。小学一年级没问题，二年级也还可以，到了高年级，才发现，我们早已把孩子关进了狭小的笼子，他根本不敢走出来，永远不敢去尝试，这是谁的错？难道老师没有责任吗？这篇《都是标准答案惹的祸》，虽然有点偏激，却是真实的存在，值得我们深思，更值得我们去研究，去探索，去改进。

思考一：开放性思维养成很重要。

这是一个大命题，在这里根本不能做全面阐述，但在这里一定要提及，这是因为我们作为执教者，必须树立这样的课堂意识。一个孩子在小学阶段，需要锻炼和养成的能力很多，但最为主要的是敏锐的思维能力，良好的学习习惯，大方的沟通交流，为什么思维放在第一位？因为思维敏锐的学生，他非常自信，遇事不慌不忙，善于动脑筋，有自己的思想，有自己的主张，同时有很强的主动性。这样的小孩，走到社会，方能立足。而这一思维的养成，需要的就是老师和家长，特别是老师在课堂上的活动设计。如果教师的活动设计得过于封闭，就毫无价值，但如果设计得较为开放，具有研究性和前瞻性，具有合作性和不定性，就可以启发学生的思维能力。用两句名言可以表达我们认为的结果，第一句："给我一个支点，我能撬动整个地球。"第二句："给我一次机会，还您一个奇迹。"其实自信心就是这样慢慢树立起来的，思维能力也是这样一点点练成的。

思考二：容错机制真的很重要。

在教育学生时，老师经常容不得一粒沙子，要求可谓非常严格，管理也非常全面，然后到后面却伤害了自己，挫伤了学生，最后不了了之，失去教师在课堂的公信力。这个问题值得思考，更值得研究。接下来分享一个观点，就是"授人以渔不如授人以'欲'"。对比于知识点的掌握，激发学生的学习欲望要重要得多。因为连学习的欲望和积极性都没有了，那他的学习主动性也就缺失了，即使传授给他非常好的办法，也只是藏在暗箱里的废物而已，根本达不到预期的效果，而如果激发了学生的学习欲望的话，学生的主动性也会调动起来，真正实现"要我学"到"我要学"的转变。况且这样的学习过程，就是一种思维养成过程。在实践过程中，学到了方法；在实践过程中，形成了自主学习的习惯，何乐而不为呢？

就像故事最后一段所引："故君子之教喻也，道而弗牵，强而弗抑，开而弗达。道而弗牵则和，强而弗抑则易，开而弗达则思。和易以思，可谓善喻矣。"希望我们能学以致用，做好我们日常的教育工作，服务于我们求知的学子们。

4　开启心门　点亮心灯

李玲玲

苏霍姆林斯基曾经说过："接触孩子的心灵是世界上最小心翼翼的艺术，就如同接触含苞绽放的玫瑰花瓣上的晶莹露珠一样，需要世界上最细致的工匠。"人的教育是特殊和复杂的，感人心者，莫先乎情。面对顽劣的学生，有时我们只要适当运用好"宽容"这把尺子，尽量让"爱"像花儿一样芬芳，我相信再特殊的心锁也有合适的钥匙将其开启，再坚硬的冰层也有温暖的阳光将其融化。

下面我给大家分享一个令我印象深刻的教育案例。

某届六年级，和我搭班的一位班主任因家里有事请假，我被安排当了代班主任。

一天，一个学生告诉我，她妈妈让她带来的让同学家长帮忙买药的100元钱前一天下午被偷了，放学回家才知道，当时这100元放在书包的夹层里。有同学反映钱被偷的那天下午的课间，有两个要好的男生曾经在这个女生的位置附近和同学闲聊，而且其中一个男生好像有故意遮挡以便让另一个男生采取行动的行为，特别是其中的一个男生曾经手脚不干净。虽然钱被偷这件事全班都知晓了，而且两个男生有嫌疑的情况也被传开了，但是事情发生已经过去了一天，100元肯定已经被转移或者花掉了，在教室不可能再查出任何有用的证据，没有确凿的证据也不能贸然坐实谁是行窃者。于是我对全班同学说："某某同学的100元虽然是昨天被偷的，但我相信当时周边有很多双眼睛，不排除有人看见是谁动的手脚。如果看见的同学可以在放学后发信息或者打电话私下跟我说一声，全班都感谢你！另外，拿了别人钱的这个同学，老师给你一个改过自新的机会，希望你今天下午带100元过来，可以悄悄放回这个女生的书包里，如果你能做到，说明你知道错了，我可以既往不咎！否则等我彻查出来，肯定要请家长并且送去德育处处理！"说这话的时候我还特意仔细观察每个学生尤其是那两个嫌疑男生脸上的表情。然而，他们的脸上不但没有惊慌，反而是一副无所谓，坐等看热闹的表情。看来等待他俩自动还钱几乎是不可能的了，只能把希望寄托于人证了。

然而，一直等到第二天中午快放学了还是没有学生出来指证。于是，下午体育课时，我把那两个嫌疑男生留下来分别谈话。我语气严肃地说："相信你们也能猜到我留下你们的原因，钱被盗的那个时间你们刚好在场，请问你们怎么解释？"俩孩子如出一辙，都是满脸的不在乎："老师，当时在那里的也不只我和某某，为啥你不怀疑别人却偏偏怀疑我们两个？你有证据吗？别戴有色眼镜看人！"我被气得浑身发抖却又无可奈何。我气呼呼地回到办公室，和我搭班的另一个班主任欧阳老师已经知晓了这件事，她宽慰我："别急，等会我来处理。"她让我叫来班里的几个同学询问昨天到今天有没有看到班里哪个同学出手阔绰买零食或者买玩具。这时几个孩子都不约而同反映，昨天看到两个嫌疑男生之一的小A在小卖部买了一个三四十元的陀螺，还买了零食请男生们吃。这时欧阳老师心里有数了，她让同学把小A叫到办公室。当时这孩子刚从操场上玩回来，满身是汗。欧阳老师首先递给他一张纸巾："哎哟哟，这么多汗，先擦擦。"然后顺手从旁边的位置拉过来一把椅子："来，你先坐下，老师有话和你说。"那男生脸上特有的满不在乎的表情瞬间消失了，他诚惶诚恐地坐了下来。欧阳老师一边拿纸巾帮他继续擦头上的汗，一边和颜悦色地拍着他的肩膀说："我听同学反映你昨天在学校外面的小卖部买了一个三四十元的陀螺，还买了零食分给同学们吃，是有这么回事吗？"

欧阳老师的话音还没落，小 A 的心理防线瞬间坍塌了，眼泪夺眶而出，他哽咽着说："老师，我错了，那 100 元是我拿的，我明天把钱还给她，可以吗？"欧阳老师再次递给他两张纸巾并且摸摸他的头，满脸笑容继续说："知错就改相当难得，你明天除了要把钱还给别人，还要好好跟别人道歉，以后这样犯傻的事不能再做了，能答应我吗？"那孩子一边抹泪一边拼命地点头。第二天，100 元完璧归赵了。从那孩子满脸真诚的道歉中我可以预知他以后轻易不会再干这样的事情了，至此我对欧阳老师佩服得五体投地！

一根很粗的铁杵正在全力地撬一扇门，可不论怎么努力，门仍然紧闭着。这时钥匙走过来，只轻轻地把小小的身子插进去一转。门便吱一声打开了。铁杵不解地问："为什么我比你有劲儿，却怎么也打不开门，而你只是轻轻一转，门就打开了呢？"钥匙笑答："因为我的心和他是相通的"。教育其实也是寻找这样的心门的过程。直至有一天你和学生真正心心相通，我想教育就接近成功了。教育无处不在，只要为人师者时刻明白学生心理发展的重要性，努力寻找开启孩子心门的钥匙，进而点亮心灯，我相信，顽石也能雕琢成"美玉"，迟开的花蕾终究也会绽放于枝头！

评析和拓展：

本则故事，讲述了在处理一件班中失窃事件的全过程，有失败，有成功，处理策略既有针对性，又很巧妙，同时给我们一个很好的提示：有效的策略，是快速解决事件的助推器。

基于这一点，笔者试谈几点关于教育策略的个人认识。

第一，策略来源于日常的工作实践。"实践是检验真理的唯一标准"，在这里，我要强调"有效的策略主要来源于日常的工作实践"。其实平时的工作，就是一个平台，一次实践机会。不管是难事还是易事，不管是成功还是失败，都是一次策略实践效果的验证，一次提升策略实用度的契机，一次拓展策略深广度的机会。实践了，经历了，参与了，就有话语权，正所谓"没有实践就没有发言权"。

第二，策略来源于前人的经验分享。牛顿曾说："如果说我比别人看得更远的话，那是因为我站在巨人的肩膀上。"所以，前人的经验，是提升我们策略广度和深度的有效途径。因为一个人的经历，永远是有限的，如果什么都得自己经历一遍，甚至经过跌倒再爬起来的挫折后，才积累起来经验的话，那是不大现实的。千万别过于自信，有时的拿来主义，也是我们的"救命稻草"。因此，我们在勤于实践的同时，要积极研究前人的实践经验，也许会达到事半功倍的效果。

第三，策略来源于个人的总结反思。唐朝文学家韩愈曾说："业精于勤荒于嬉，行成于思毁于随。"这里强调的是：我们要想成功，要想策略实施有效，必须进行有效的思考。勤于实践的人，在实践积极性方面基本是没什么大问题的，但在实践中，能加入有效的思考，就少之又少啦！毕竟人是有惰性的。叶澜教授说："一个老师写一辈子教案也不一定能成为一位名师，但是写三年反思就有可能成为名师。"换而言之，有效的策略，就是通过不断的总结反思而积累下来的。

总之，条条大道通罗马，就看我们遇事时，如何进行融会贯通，如何把策略高效利用。

5　挫折教育很必要

梁秀芬

风靡一时的成功教育被认为是一种新颖的教育方式、教育形态，使得一些学生能从"失败者"变成"成功者"。有些家长或者教师经常用"我能行"来激励孩子，这也无可非议，成功教育确实能使一部分人走向成功。但一味践行"成功教育"而忽视挫折教育则是由一个极端走向另一个极端。

随着社会经济的发展和家庭生活水平的提高，当代小学生是在非常舒适的环境中和家长的溺爱下成长起来的，是"在蜜水中泡大的"。因此，在学习、生活中很少遭受挫折。

而在现实生活中，挫折无处不在，任何人都无法避免。近年来，我觉得学生承受、克服挫折的勇气和能力越来越弱，表现为有的学生不能接受家长或老师的批评，一旦家长、老师说他几句，他便觉得尊严扫地，无地自容，轻则沉默对抗或顶撞师长，重则离家出走或寻死觅活。如有的学生在升学考试失败后，一蹶不振，放弃人生追求，更有甚者还出现轻生的极端行为。我认为这些极少经历生活磨炼和大挫折的"小太阳""小皇帝"们，要锻炼他们坚强的意志品格，进行挫折教育很必要。

有的学生在家里要风得风，要雨得雨，过着衣来伸手、饭来张口的"小皇帝"似的生活，以为什么都是自己第一，一切以我为中心。来到学校后，稍不如意，回家就跟家长闹。我之前的一个学生，在家没受过什么委屈，或者说没遇到过挫折，上学后第一次参加学校运动会，班级要组织方块队，因是一年级，老师见她很乖巧(其他情况不太了解)，开始就选了她，后来发现她踏步不行，节奏感很差，劝她不用参加了。结果她回到家后又哭又闹，说再也不上学了。家长吓坏了，以为是谁欺负她了，后来等她平静后才了解了情况。第二天，家长把情况告诉了我，我把该生找来，跟她分析了情况，让她明白自己在踏步这方面暂时不如别人，可能之前其他同学经常练踏步，或者说有些同学喜欢音乐、跳舞，节奏感稍强些，踏步对他们来说就比较容易，而你就稍微落后些。这次选不上只是还没有经过训练，如果我们经过训练，下次你可能就是踏得最好的那一个啦。还有我们在踏步这方面比不上别人，可以在别的方面做得比别人好。今年没机会，第二年还会有，不能因为一次选不上，就自暴自弃，胡思乱想。在老师和家长的劝说下，这个学生没有再因为这件事受影响。

后来，在我带她的三年里，再没发生过类似的事情。如果我们当时让她继续参加方块队，由于本身节奏感不行，老跟不上，有些同学还会笑她。这样除了会挫伤她的积极性外，还会造成一种错觉：我什么都比不上别人。从此她就陷入深深的负面情绪当中，到时真的就是得不偿失了。

现实生活中，很难一帆风顺，随心所欲，总会在不经意间遇到一些不如意，如果我们能正视这些困难，有一定的应对挫折能力，那么我们可以化悲痛为力量，越挫越勇。否则，将会是花瓶中的鲜花，早晨花瓣上的晶莹透彻的露珠，碰也碰不得，呵护也力不从心。

我认为，教师应该教会学生正视挫折，正视挫折是战胜挫折的前提条件，也是日常生活中必备的能力。当然，在进行挫折教育的同时也要关心学生的心理健康，善于抓住生活中各种教育机会，极力提升学生受挫的能力，为适应以后各种工作岗位打下坚实的基础。

评析与拓展：

本则小故事见长不是以情节，但阐述的观点却引起我们反思：当今社会主要推行的两种教育模式——成功教育和失败教育，哪种才是正确的？在笔者看来，其实就是仁者见仁，智者见智，正确使用，交融贯通，才是上上之策。

基于以上的分析，笔者谈谈两种教育的个人认识。

成功教育。"成功乃成功之母"，"没有哪个人不需要别人的肯定和尊重"，这一切，都是强调成功教育的重要性，也体现成功教育在社会上还是有很多推行者，又得到广泛的认可。而当教师真正实施这一教育理念的时候，才发现，其实就是从一个极端走向另一个极端。一味地推行成功教育，让孩子一直沉浸在幸福与成功当中，自信心爆棚，对一切事情都是勇往直前，这是非常积极的方面。但长此以往，让学生在不断的成功中，慢慢养成了目空一切的习惯。步入社会的时候，才发现原来我们每个人都只是社会汪洋中的一滴水，需要遵循社会规律才能前行时，此时，自己已回不了头。

失败教育。有人非常喜欢推行"失败乃成功之母"的教育理念，要让学生在不断的失败中了解自己，总结经验，提升能力，这样才能练就未来的生存能力。这个想法非常好，但是否想过：天天备受折磨，有多少学生能坚持下去，有多少学生能见到曙光？相信大家都有了自己的答案。不能否定失败教育的功效，但一味地推行失败教育，又是从一个极端走向另一个极端，均为不理想之举。

笔者认为，两种教育理念都有着自己的长处和不足，在推行过程中，不能一味地进行一方面，而应该审时度势，因材施教，根据学生的发展需要、事件发生的实际情况，科学选择教育办法，合理创设教育情境，为学生的健康成长保驾护航。

6 一个小男孩的成长之路

陈超丹

犹记得 2014 年秋的一天，那是孩子们报名注册的日子，是我成为一(4)班班主任的第一天，也是我与小煜初次见面的日子。

"老师好，我是小煜！"清脆响亮的声音让我从众多孩子中准确地看到了一个虎头虎脑的小男孩，也注意到了他那双透露着机灵的大眼睛。于是，我对他微微一笑："你好，请坐！"嗯，挺有礼貌的一个孩子！当时我还想着以后安排一个小班干部给他担任呢！

开学第一天，一连串活动：开学典礼、班会和语文课之后，给我第一印象很不错的小煜开始露出真面目！他上课时积极回答问题但是小话也不少，听课不够专心，课间喜欢在走廊追逐，俨然就是一个小调皮！尤其是放学时，他不爱和大家一起排队，不爱在大榕树下等家长，反而会"借尿遁"，让家长找不到人，在校门外干着急，甚至有时他不打扫教室就逃跑。从开学第一天起，我就当起了小煜的追踪者，时刻留意这个小家伙的行踪。每次被我逮到，他都主动承认错误，并向我承诺："老师，我今后不再偷跑，请您原谅我！"结果第二天还是老样子！我都要气晕了，甚至还和他妈妈开玩笑说："每天的放学时间，就是我和你儿子玩兵抓贼游戏的时间！"小煜妈妈无语，只能说："陈老师，辛苦您了！"

时间过得飞快，一转眼就到了二年级，课堂上的小煜还是很积极地回答问题，也能主动帮老师做事，爱看课外书，求知欲强，好奇心重，但是开始出现有时不完成作业的情况，还会动手打同学。我经常找他谈心，晓之以理，动之以情，完全就是他的心理辅导员。他是个很疼爱妈妈的孩子，因为他知道妈妈在怀他的时候患了抑郁症，治疗了一段时间后才慢慢好起来的。所以谈到他的妈妈时，他眼圈红红地对我说："老师，我知错了，我会按时完成作业，不再动手打人！"之后的一段时间里，小煜真的说到做到了，我深感欣慰。小煜妈妈也感激地说："陈老师，谢谢您！"

上三年级了，小煜的妈妈因为生活的原因到外地打工，小煜跟着爸爸生活。也许是妈妈不在身边的缘故，也许是爸爸比不上妈妈照顾得那么无微不至，小煜又开始出现各种各样的问题，比如不完成作业、说谎、打架、偷买零食，甚至还偷爸爸的钱。每次我都教育、批评他，但是他却屡教不改，令我头疼不已。在我多次向他妈妈反馈情况后，他妈妈把工作辞了，回到了小煜的身边。可坏习惯哪有那么容易就改得掉的呢？果然有一次，小煜偷了妈妈的100元钱，拿到学校花。我知道此事后，把他留了下来，还请了他的爸爸妈妈来学校。他妈妈一边流着眼泪一边说："小煜，妈妈养的是儿子，不是贼啊！"这句话听得我心都酸了，再看小煜，他也在一旁偷偷地擦着眼泪！当天，他当着我和他爸爸妈妈的面，郑重承诺："从今以后，再也不偷钱了，我要做个正直的人！"第二天一大早，他还交了一篇作文给我，题目是《我养的是儿子，不是贼》。文章的字里行间都充分表达了他的决心！后来，我让他把这篇作文投稿到学校的文学社。文章被录用了，刊登在校报上，小煜心里有说不出的高兴。

现在，小煜读五年级了，虽然我不再教他，但是他妈妈还会时不时地和我聊天。小煜每次见到我也会迫不及待地和我分享他的快乐或忧愁。现在的小煜虽然成绩不是很好，但是成了班里的体育委员，爱打篮球，爱演话剧，爱看课外书……看着小煜一路走来，从顽皮捣蛋的小男孩成了一个正直、活泼、开朗的小男生，我深感爱的力量竟如此之大！

母爱、师爱似春雨，虽小，却随风潜入夜，育人细无声！

评析与拓展：

本则故事，让我们看到，陈老师是一位用心留意学生发展，耐心用"爱"哺育学生成长的人民教师。在她似"春雨"般"爱"的关爱下，小煜同学终于蜕变了，这是一个非常成功的教育案例。

通过这一案例的主题，笔者想谈谈几点关于"爱"的教育的个人浅见。

首先，"爱"的教育是学生早期成长的甘露。巴特曾强调："教师的爱是滴滴甘露，即使枯萎的心灵也能苏醒；教师的爱是融融春风，即使冰冻了的感情也会消融。"学生在成长的早期，就像一棵嫩苗，需要我们呵护、浇灌，否则，会被无情地践踏和伤害。所以，早期的学生，需要我们的"爱"，需要我们给予"甘露"，因为这时候的学生，基本是属于"给点阳光就灿烂"的状态。

其次，"爱"的教育是学生成长过程的阳光。"阳光是万物之源"，而教师的"爱"是学生成长之源。天天给予学生的是责骂，是埋怨，学生曾经的阳光行为自然就会销声匿迹，而给予他们"爱"的润泽，阳光般的温暖和热烈，他们就会呈现出勃勃生机，给人一种正能量，一种希望。

最后，"爱"的教育是学生持续发展的内力。"爱"的种子播下后，需要我们共同去呵护、去耕耘、去延续、去内化，不然就形成不了内需动力。如果我们的付出，没有形成对学生未来发展的内需动力的话，我们的"爱"就只是一片雾，太阳一出，便烟消云散，或是一阵风，吹过就不会再来。我们的"爱"只是途径，不是目的，而我们的目的就是培养"人"，培养对社会、国家有用之人，这一过程，需要的是我们如何用"爱"的力量促进学生把日常的知识转化为自身的"生存能力",不然永远形成不了内需动力。

有句话说得好:"黄昏之所以美丽,在于它收集了整整一天的阳光。"在此,真诚希望我们的孩子们,在收集我们所有的"爱"后,变得美丽,变得高大,变得璀璨。

7 欣 慰

李慧娴

蓦然回首,十几年的从教经历,把我由一个稚嫩的师范生锻炼成一名成熟稳重的人民教师。十几年的花枝硕果,记忆中的那朵是那么的平凡又令人欣慰和感动。

那时我刚调到我们学校任教不久,并担任七(2)班班主任,班上转来了一个雷州来的男孩。初次见男孩的时候,他沉默寡言,但眼神里满是傲气。男孩的父母把他送到学校,为他办好手续后就离开学校了。这孩子见到父母要回去了,一点也不留恋,反而有些不满他们在身边待太久了。这令我的心"咯噔"了一下,心想:"这孩子一定是个难缠的。"不出所料,沉默寡言并不是他的真品性。平时上课时他总是不认真听课,经常欺负其他同学。当老师批评教育他时,他也总是顶嘴且蛮不讲理,他的表现让所有的任课老师都头痛。

记得有一次数学考试,别人都认真地做题,他却坐那里东张西望,当发现邻座已做好试卷,他马上伸手去把试卷抢过来,准备照抄。那个同学马上告诉老师,数学老师过来后没收了他试卷。谁知,他站起来,径直走过去就给了那个同学一巴掌。这还得了?数学老师马上把他拽到我的办公室,他一路还骂骂咧咧的,一副无赖样。看到这种情况,我强压怒火,先让他说说错在哪里。可他却完全没意识到自己的问题所在,还狡辩说他没错,因为他听不懂老师的课,所以才想抄。至于动手打人,他说那个同学不懂规矩,什么都告诉老师。我没想到居然还有这样蛮横的理由。由于他的情况太特殊,我必须联系家长。事后我电话联系他的父母并了解到,由于父母工作太忙,无暇管束他,平时疏于管教,所以他小小年纪,就经常跟着年龄稍长的不良少年在一起混。由于平时相处少,所以长大后他在家从没叫过妈妈,并对全家人充满敌意。家里是怕他将来变成社会上的坏人,才送他到市区学校,远离原来的环境,到新的地方继续接受教育。

在了解缘由后,我意识到,这孩子用常规的方法是很难改变的。于是,我先好言相劝,并对他说我会关心和支持他,以后有什么困难都可以来告诉我。之后,我坚持每天在校饭堂陪着他一起吃饭,晚饭后主动找他一起散步、聊天,经过一段时间的接触，他慢慢地对我减少了戒心，而且向我打开心扉，什么事都向我诉说，听取我的建议。在这个过程当中，我经常有针对性地给他讲一些传统文化故事。没过多久，我发现他慢慢改变了，眼里变得充满了善意，也慢慢喜欢与同学交流。从此以后，他在班里再也不捣乱了，课堂上也很认真听课，并按时完成各科作业。特别是有次假期回到家里，他还主动帮助家里做起了家务。有一次妈妈洗碗时，他还开口叫了声"妈妈"，他妈妈顿时感动得满眼含泪地呆在那里，这是他和父母有间隙以来第一次再叫妈妈。因为这事，他爸爸还特意打电话来告诉我，说孩子进步了，懂事了，感谢老师的教导。

一个孩子的转变往往不会很快体现出效果，有时可能需要长时间的付出与感化，需要坚持不懈。但只要不放弃，我相信都会有意想不到的收获。现在的他已步入社会，逢年过节都打电话回来向我问好，并告诉我他发展的点点滴滴。看到自己的学生能在社会上堂堂正正做人，勤勤恳恳做事，这让我感到十分欣慰。

陶行知先生曾说："千教万教，教人求真；千学万学，学做真人。"这是教育的真谛，也是我们作为教育者永恒的追求，希望我们的桃李，能在步入社会后，给予为师者更多的欣慰。

评析与拓展：

本则故事，也是比较常见的案例，没有过多的华丽描述，但却道出师者的真实希望，就是希望我们的学生，走入社会后，做一个堂堂正正的人。

基于以上的案例分析，笔者谈谈教师心中的学生图像。

第一，孝顺的孩子。中国有句古话："百善孝为先。"这是我们中华五千年的优良传统，是我们教育学生的重点和主要方向。父母是把孩子带到这个世界的人，是抚养孩子长大成人的人，是教孩子母语、扶孩子走路的第一人，没有理由不孝顺。因此这是老师心中第一张学生图像。

第二，充满睿智的孩子。聪明机灵的孩子，没有人不喜欢，因为他是老师的期望，是社会的希望，是我们工作的着力点。当然，睿智的孩子，不能断定为成绩优秀的孩子。

第三，懂得感恩的孩子。"父恩比山高，母恩比海深。"强调的是父母的恩情比山高，比海深。"一日为师，终身为父"，强调的是老师的恩情，和父母的恩情一样高深。我们培养出来的孩子，在成长过程中，如果没有感恩之心，自然就会断绝自己的后路，落入无情无义的深渊。这样的话，慢慢就会被社会淘汰，被社会遗忘，没有了发展空间，又哪来的发展机遇。而懂得感恩的孩子，他们在众人扶持下、团队合作下，人生的道路越走越宽广，越走越舒心，自然就会成为人生的赢家。

第四，有作为的孩子。"天生我材必有用。"每一个人都是社会的人才，只不过是对社会的作用领域不同而已。如教师，就是教书育人，培养祖国的下一代。行行出状元，职业没有优劣之分。干一行爱一行，就会成为有作为的孩子，这也是每一位师者最为真实的殷切希望。

......

总之，学生在每一位老师的心中都是可塑之才、可造之人，只要老师不放弃，相信他们都能成为对社会发展有用之人，都能成为教师图像中的一张。

8 成 长

谭 英

"洗手的时候，日子从水盆里过去；吃饭的时候，日子从饭碗里过去；默默时，便从凝然的双眼前过去……"

是啊，将近三年的时光一晃而过，可那些影像、场景却历历在目……

精致的猪猪女孩

这是她的微信昵称，有点出乎我的意料："精致"？我印象里的她是个大大咧咧的女孩，办起事来风风火火，想哭就哭，想骂就骂……可我又一想，从我和她一起去家访、去书店，她的衣着、她的细心……嗯，好像也有精致的成分……

还记得四年级刚接手这个班，询问之下，我班竟然有三个前任班长(四年级开学时把原来三年级的所有学生重新分班)，她是其中一个。可看看她：眼光闪烁不敢直视我……好吧，我姑且收起我的疑惑，不断把一些班里的工作安排给她，也还行，她干得还有模有样。

"老师，班长哭了。"有学生来报告，诧异的我将信将疑，直到梨花带雨的她来到我面前，我才相信她真的哭了。我问，她还不肯说。"受了委屈还不肯说？"好奇的我只好向其他人了解情况，才知自习课她管班，一些被她罚的男生认为她不罚与她交好的女同学，这样很不公平，所以朝她嚷嚷，不服管理，吵嚷中男生动了手，她就哭了。了解了原委，我没有说什么，先是递了几张纸巾给她，她没接仍然在一边气呼呼的。"这脾气还挺拗！"我心里暗自思忖。我驱散了围观的学生，把打人的男生叫来，也让他说明了当时的情况，大致相同。问完，我对男生说："你先不要管其他人，你有没有违反纪律？"得到他的点头承认，我又说："那班长罚你，对不对？"又是点头。"那你在课堂上与班长吵闹，不服从管理，对不对？"他摇头。然后我转向班长："你批评他，为什么没有批评某某？"这时已停止哭泣的她说："我没看见某某说话，她在我后面。我看见他说话，批评他，他不听，还顶嘴，跟我吵。"批评了男生不遵守纪律，不服从管理，不尊重班干后，我单独留下了她。首先我表扬了她工作负责、大胆管理，看她情绪逐渐平静，我问："你真的没看见某某讲话？"她眼光一闪，嘴硬道："没看见！""真的没看见？"我再问。

"没看见。"语气有所缓和。"如果你看见了会怎样处理？""也罚。""好，老师相信你一定会公平公正，否则你的不公，同学们会看在眼里，以后你的工作会难以开展。"我一边说一边看着她的眼睛。"嗯。""还有，有什么事能处理就处理，处理不了就告诉老师，在班里大哭，同学们怎么看你？和同学吵闹能解决问题吗？"看着她低头不语，我继续："班干部要想做好工作，首先要严格要求自己，树立榜样；做事公平公正，同学们才会服你；还要管理好自己的情绪，处理问题才会冷静且不失偏颇。"她抬起头，看着我，点点头，我再次把纸巾递给她："擦干净，平复好情绪后再回班里。"她接过，缓缓转过身……

后来我在班里讲了这件事，摆明了我的观点："首先每个人管好自己，不要让别人操心。另外，尊重班干部，服从班干部的管理，如果当时有不满也要顾全大局，但课后可以与班干沟通，还解决不了的再向老师反映。"

以后，她还哭过几回，可在我面前那股"拧"劲少了，变成了不好意思……当然，她的管理依然泼辣，但更顺畅啦！

我班的大帅哥

说真的，刚接手这个班时，我真没注意过"他"：长相一般，成绩七八十分，写的字潦潦草草，看得出完全就是应付，也没有什么特别的才艺……直到一次家长会后，他的妈妈留下来和我进行了一次交谈：他的父亲走了，家里的奶奶很强势，也不信任她；她为了赚钱比较忙，在家陪伴他的时间少，他对妈妈颇有不满；他在家很懒，经常躺在沙发上长时间地玩手机，说也听不进去，希望老师能够好好管管他。自此，我的眼光时不时地注意到他，我发现这个男孩有一个大大的优点：敢于说真话，不怕得罪人！于是我计上心来：劳动委员！既培养了他的责任心，又治了他的懒！想到这儿，我心里暗自点赞："妙！妙！妙！"

在我的一番赞赏加鼓励下，他应承了下来，看着他领了任务欢喜而去，我心里却是隐隐的不放心。果然，不久，就有同学来告："劳动委员不等劳动结束就去玩了，不检查卫生。"我及时找他来谈话，肯定了他的长处，也指出了他的不足，他接受了我的批评，工作有所改观。可过了不久，他自己来找我了，说不想当这个劳动委员了！问到原因，他说："同学不听指挥，不服从安排。"我没有勉强他，但表示了我的失望。

　　五年级开始，为了更好地管理班级，激起同学们的上进心，我们班搞了"小组积分活动"，就是就近把学生分成八个小组，每小组六人，从纪律、作业、成绩、劳动等方面进行加分和扣分，每天放学前记录加、减的分数，每星期结算一次，第一、二名有奖励，可从看电影、让最后一名帮扫地或一些合理的要求中选择奖励项目；而最后两名就要接受相应的惩罚。至此，大大提高了同学们的集体荣誉感，同学们事事严格要求自己：上课有开小差讲话的，旁边的同学就会提醒；周五打扫功能室也由原来的要劳动委员指定人去完成到现在抢着去(因为有加分)，甚至因为要求打扫的同学太多而产生了排队的现象；谁不完成作业就会受到组里同学的批评……周五下午的最后一节课统计结果，成了同学们最"期盼"的时刻，也成了我班的一个亮点。

　　六年级一开学，我发现好多孩子长高了，特别是"他"，快奔一米七啦，伴随着身高，男子汉气概也完美呈现在他脸上，不禁又多多吸引了我的注意力……我找来他，一番感叹："长高长大啦，小男子汉了！你妈妈一定好有成就感哦，老师心里也好欣慰。"后幽幽地说："有了这个小组评分后，大家的劳动积极性提高了，我希望你能再把劳动委员这个担子挑起来，老师相信你一定可以把这个工作做好，也是对自己能力的锻炼。以后就凭着你这大高个，还有锻炼出来的管理能力，到社会上一定是个受领导欢迎的骨干，今后才有能力提高经济收入，让妈妈过上好日子！"话音刚落，一声"嗯。"把我心里本来预计他不答应的自我安慰一下就甩到了爪洼国，好开心！

　　现在，"他"就是我班的颜值担当，一枚大帅哥，也是我的得力助手，更是同学们的指挥棒，只要任务布置下去，我就不用操心了，任务一定圆满完成。同时，据他妈妈反映，现在他懂事很多，没那么懒，也懂得关心人啦！

"漂亮"的小男生

　　是的，在我眼里，他就是漂亮的小男生，不论是看一个一个的五官，还是一眼望过去。如果扎上小辫，穿上花裙，一定是个美美的小"女"生。

　　他不但长得漂亮，手也非常巧。我办公桌上含苞欲放的纸质彩色莲花，家里的纸质粉色玫瑰和开心果壳粘成的精致小花，都出自他的巧手。每次看到这些小手工，眼前就会出现那漂亮的脸庞。

　　但是……他写的字好丑！

　　看到这，你一定是满腹疑云：怎么会？可……就是丑！真是丑！

　　在我的建议下，他买了练字本，也参加了学校的书法培训班，软笔字有了小小的进步，我曾把他的书法作品放在我班的微信群，收获了满满的赞！

　　可作业一多，他的字还是好丑，越到后面就写得越丑……

我问过他原因，他瞪着清澈的大眼睛，真诚地说："我的字是丑，写得越快越丑，以后我尽量写得慢一点啦。"

他的真诚、他的坦率，让我很欣慰，他也接受了我的建议，以后多花一点时间也要把字写好，又报名参加了一个学期的书法班。

我不知道要多长时间他能练好字，也不知道能好到什么程度，不过，就冲着他的态度，我相信，他的字一定会一天比一天漂亮起来！

我知道，成长是需要时间的，成才是需要打磨的。

让时间去磨砺、去证明：成长，是美好的！

评析与拓展：

本篇文章，围绕成长的主题，分享了三则教育小故事，较好地体现老师的教育理念，就是我们在评价学生的时候，最好以一种"发展的"眼光来评价，这样学生方能得到健康成长，不然，都会成为您的"刀下败将"，个个变得胆胆怯怯，碌碌无为。

基于以上的分析，笔者谈一谈对发展性评价的认识。

发展性评价的定义。发展性评价是指通过系统地搜集评价信息和进行分析，对评价者和评价对象双方的教育活动进行价值判断，实现评价者和评价对象共同商定发展目标的过程，旨在促进被评价者不断地发展。

发展性评价的浅析。发展性评价，只是众多评价体系中的一种，是基于评价者和被评价者以发展为方向的一种评价方式。这一方式，没有终结性，没有决断性，所以留给彼此很大的空间。同时这一评价体系，旨在促进被评价者后续的发展。所以，在评价中，评价者是在自己已有经验基础上，根据被评价者当场或前段时间的表现，给予比较中肯的小结评价，同时提出后段时间的努力方向，旨在让被评价者获得更大的进步，或取得更加丰硕的成果。这一评价体系，在教育行业是常用的评价手段，比如对参加活动的学生进行评价，对学生在课堂上的表现进行评价，对个体学生在某件事上的表现进行评价，等等。本评价体系比较灵活，比较实用，给人就是一种激励和帮助，效果非常明显。

所以，建议大家多用发展性评价，以促进我们的学生健康茁壮地成长。

9 难忘球场上的身影

黄春云

短短几年，学校面貌发生了日新月异的变化，红房子被拆掉了，取而代之的是窗明几净的新建教学楼，红色的塑胶跑道及绿草如茵的足球场。每当我从运动场边经过，看到学生们在球场上活动的场景，脑海中常会浮现那届学生的身影，那是一群多爱打球的孩子啊。一切恍若昨天，他们的音容笑貌又一一在我眼前闪现。

那是 2012 年毕业的那一届学生，那时我是他们的班主任兼语文教师，而那届学生也是让我印象最为深刻的，不仅是因为和他们朝夕相处了三年，也不仅是因为他们这届在中考中考出了佳绩，更重要的是这三年，也是我在实践中不断丰富教学经验的三年，与他们之间发生的一些小故事确实值得我写一写。

犹记得他们刚上初一的时候，一群半大的男孩子，活泼好动，精力充沛，尤爱打篮球，热爱到即使课间时间也不放过。下课铃声一响，便急不可耐地抱起篮球冲向球场，可谓是争分夺秒，每到上课便大汗淋漓、匆匆忙忙地跑回教室，半天静不下心来。为此，我私下里苦口婆心地劝说过，课堂上对他们严辞怒批过，但收效甚微，甚至于师生关系也有了一定的隔阂。一些班集体观念强的学生见到他们因打球迟到影响到班级评比、影响到老师上课对他们也略有微词，班级管理上出现了不和谐的杂音。

一次上课时，再一次见到了几位抱着篮球气喘吁吁跑回教室的男生，我怒火中烧，但当时不便发作，我苦苦思索改变这种状态的方法，开始换位思考，站在他们的角度去看待这一个问题。确实，让一个人舍弃自己所钟爱的东西何其困难，况且一群半大的孩子，能否找到一种折中的办法，既能激励他们将心思转入学习中，又能保护他们的兴趣爱好。再想到当时刚上幼儿园的儿子，给他一颗糖，再叫他去做事，总会乐得屁颠屁颠地去完成。对待这群半大的孩子，也可以试用这样的奖励方法，但奖品就肯定不会是一两颗糖了，而是奖励他们去打比赛。于是我找到这群学生，并和他们约法三章，如果他们学习成绩有所进步或纪律性加强了，不再有迟到、开小差的现象，则以两周为期，奖励他们打一场真正的篮球赛。听了这一消息，他们欢欣鼓舞，跃跃欲试。因为据我了解，他们一直想挑战其他班，想通过球赛来证明自己的实力，想有个好场地和充足的时间尽情发挥。而这一切只要达到我这个班主任定下的规矩，愿望即可实现，接下来的日子就看他们的转变了。

这群孩子虽贪玩但目标坚定，他们现在的目标是打比赛，但想实现打比赛的愿望就必须附加地搞好班上纪律和提高自己的成绩。仅半个月，我就收到了立竿见影的效果，是时候组织一场球赛了，以证明老师说话算话。我立马找个时间，要到场地(校篮球场)，找到裁判员，约好了对手，自己垫钱买好饮用水，到时就把班上其他同学拉到球场当啦啦队并观赛，既然做了就要力求做到最好。不得不承认，这班孩子的球技还真不赖，传、带、投，配合得天衣无缝，很快把对手打得落花流水，场下啦啦队呐喊助威，帮忙照看衣物，递水递纸，一场球赛就把同学们的关系拉得亲近起来，班级的凝聚力得到了增强，这可是我意外的收获。球场上的胜利不断地刺激着他们的斗志，他们就像打了鸡血般亢奋。赛后我们还总结赛场上的得失，亏得我在大学时体育课选修的是篮球项目，所以还说得头头是道。我认真的态度影响了他们，身教重于言传，他们中部分人吊儿郎当的态度有所改善，慢慢地我们之间无话不谈，当然谈的更多的是篮球，我说的话他们也慢慢乐于去接受，而我也适时地将他们引到学习中来，本就是一群聪明的孩子，又富有热情，给了他们目标，给了他们动力，我只有静待花开啦。接下来管班我就轻松多了，而我却确实尝到了激励性教育的甜果。

有时我在想，学生的热情就像涛涛的江水，而与其一味地去打压、抑制，不如适时给予他们一个展示的平台，将他们引导到正常渠道来，或许这样做，我们会收获到事半功倍的效果。

望着绿草如茵的足球场，我想，如果那届学生还在，球场上活跃着的定然是他们青春的身影……

评析与拓展：

从故事的讲述中，可以看得出黄老师是位怀旧的教师，是位心中有学生的教师。从选材来看，故事具有一定的教育意义，利用学生的喜好，来达成教育的目的。效果立竿见影，可谓巧妙至极。

基于本案例的分析，笔者谈谈在学生教育过程中的几点浅见。

首先，熟悉是基础。一件事情的发生与出现，我们要进行深入了解，了解事件发生的缘由、过程，最近处于的状态，具体是什么人，这些人的平时表现如何。在对以上元素了解后，我们基本熟悉了事件的始终。这时候，我们要做的就是分析这一事件，如果继续蔓延，或者说任由它自由发展，可能会怎样，最坏的结果会怎样。以这样的分析与诊断，来认识和定位事件，其实就是决定是马上处理还是静观其变，是出重拳还是轻描淡写，或是给予时间和适当点拨，让他们进行自我教育。这些，都是处于熟悉事件的阶段。

其次，行动是实践。我们经常说："行动就是成功的一半"。一切事件的处理和分析，如果一直处于分析状态，没有付诸行动，那一切就只是纸上谈兵，根本不会产生任何的效果。而我们如果进行深入分析后，选择较为合理的策略进行实践，那就不一样了。因为哪怕是失败，最起码知道了这一条路是行不通的，必须选择第二条路。但如果能在实践中获得成功，那就是这一策略的有效实践者，增长了这一策略的实施经验，长此下去，将会形成独具特色的管理风格。有朝一日，水到渠成，结下累累硕果。

最后，耐心是保障。"不积跬步无以至千里，不积小流无以成江海"，强调的就是我们做事情得有耐心。任何一件事的处理，任何一种经验的获得，绝对不是一朝一夕就能达成的，更不会从天而降，都得进行一定时间的"试验—总结—反思—再实践"的过程，是在无数次失败中站起来的，所以最需要的就是耐心。有了耐心，我们就不会因为一次的失败而一蹶不振；有了耐心，我们就会以一种发展性的目光对过程进行认识；有了耐心，我们就会勇往直前，非到黄河不死心。有时，就因为如此，才出现一次次感人的事迹，才完成一个个"学困生"的转变。

总之，教无定法，贵在得法，希望我们在日常教育中，努力做到有爱心、有胆量、有策略、有耐心，以顽强的意志，把遇到的困难从大化小、从小化无，积极引领学生走向阳光的人生大道上。

10　水气球风波

赖迎春

从2000年当上学校少先队大队辅导员，2005年任学校团委书记到2015年任学校德育处主任，不知不觉，我在学校德育战线上工作了十六个年头。在这十六年的德育战线上，每次处理学生、教师间的问题，总是如履薄冰。那年处理小学部学生中发生的"水气球风波"事件，现在想起来，仍心有余悸。

那是一个临近"六·一"儿童节的下午，我刚来到学校，一名小学女班主任就来报告：六年级的学生用气球装满了水，从四楼往下扔，扔到了小学低年级学生的头上，学生被淋得一身湿。听到这，我火冒三丈，这些孩子怎么这么调皮！当我气冲冲地跑上楼，准备找学生算账时，遇到了其他班主任，她们也一致投诉六年级那个班的学生如何可恶，如何拿着水气球砸楼下的同学。我刚到被投诉班级的楼道，就看见乱哄哄的一群学生在嬉闹，地面湿漉漉的。他们看见我来了，便一哄而散，躲进教室里去了，我三步并两步快速冲进教室，面对有些卷着衣袖，有些拿着气球的学生，不由得怒火中烧。可他们的班主任还未到，于是，我命令学生每人拿一张纸，将刚才自己看见的情况写下来。十分钟后，科任老师来上课了，我拿着学生写的厚厚一沓"目击事件经过"回到了德育处，并对当时的德育主任邓维娜老师说："这个班的学生真是太可恶了，居然拿着气球装水往楼下扔！我要找他们班主任算账，狠狠地惩罚这些学生。"谁知德育主任淡然地说了句："其实玩水气球的学生不只是这个班的学生，其他班也有，只是这个班的班主任与其他班班主任不合，所以，大家才一致说只有她班的学生玩。"听到这，我黯然失语，内心忐忑不安，心想：还好没有气冲冲地找这个班的班主任，否则后果不堪设想。

怎样才能想个两全其美的办法，既能缓解班主任之间的矛盾，又能达到教育学生的目的呢？我陷入了深深的思考。某日读了李商隐的《无题》，其中"相见时难别亦难"突然在我脑海浮现，这不是苦苦寻觅的惜缘、随缘吗？同事之间、同学之间能在一起工作、学习，就是一种缘分。于是，我连夜写了一篇以《花有重开日，人无再少年》为题的教育学生的演讲稿。稿件大致内容如下：在"六·一"国际儿童节即将到来之际，首先对孩子们表示节日的祝贺！对他们带着五颜六色的气球到校装点教室表示大力支持！接着讲述他们用气球装水，从楼上往下扔的危害性：第一浪费水资源，第二自己快乐了，却没有考虑到楼下同学可能被砸到。同时，希望孩子们学会换位思考，不要把自己的快乐建筑在他人的痛苦之上。最后，告诉孩子们："花有重开日，人无再少年。"我们能在一所学校学习是一种缘分，应该珍惜同学之间的友情。

第二天早晨，我利用早操时间，对全体学生宣读了这份演讲稿，没想到效果出奇的好——再也没有一个孩子玩水气球了。没有处罚一个孩子，没有批评一位班主任，却达到了预期的教育效果，这是我始料未及的。

事情已过去多年，每当学校学生发生群体性违纪事件时，我就会想起"水气球风波"的处理方式。我常常暗暗提醒自己：处理公共性突发事件时，一定要冷静，万万不可鲁莽行事。要以引导、教育学生为主，掌握教育的艺术，找到教育的支点！

分析与拓展：

本则故事，讲述的是在管理岗位上一件群体事件的处理过程和结果。从故事中，我们学会了：处理群体性突发事件时，一定要冷静，万万不可鲁莽行事。要以引导、教育学生为主，掌握教育的艺术，找到教育的支点！

基于以上的案例分析，笔者分享两点"冷静面对"这一教育管理策略的认识。

冷静面对，其实就是给自己留下更大的空间。子贡问曰："有一言而可以终身行之者乎？"子曰："其恕乎。己所不欲，勿施于人。"(摘于《论语·卫灵公》)以上是孔子和弟子子贡的一次对话，流传至今，影响深远。"宽恕别人，其实就是给自己留下更大的空间。""宽恕"，其实就是一种冷静面对。因为在处理事件前，您已经给本事件的处理结果定了个调，是处理和教育，而不是惩罚和责备，这也让您的心态平和了好多，因为接下来的处理已有了步调与方向。冷静面对事件，就是不激发矛盾，目的就一个："妥善处理矛盾纷争。"反之，你不冷静面对，在现场不问青红皂白，乱批一通，除了不利于解决矛盾、缓解事态，防止事件僵化扩大外，还会火上浇油或滋生出其他事情，到时就得不偿失了。

冷静面对，其实就是考验一个人的内行修炼。俗话说得很好："要想其灭亡，先让其疯狂""冲动是魔鬼"。是的，您的不冷静，您的鲁莽，甚至是您的疯狂，其实在同事心目中，不是夸您多威风，多仗义，而是一种反面的评论，过于肤浅，过于激动，这就是一种不成熟的表现。换句话说，就是内行修炼不深所致。从深层来说，也是一种不自信的表现，总是以为你声音大了，就得理了，可以随心所欲了。殊不知，你一张嘴，就已经给自己的形象和品格打了一个不及格，戴上了一顶"没素质"的帽子，长此下去，旁边的人就会疏远你。当然，我们也不能把"冷静"当成"放纵"，把"冷静"当成"做好人"，这就是从一个极端走向另一个极端，即从"强势"走向"弱势"，都不是最好的结局。

我们要的是，既能把事情圆满地处理好，又能让大家心服口服，既能彰显我们的智慧，又能让彼此得到成长，这才是我们处理事件的上上之策。

11 种太阳

李少琼

当领导宣布由我担任九年级"艺术班"的班主任时，同事纷纷向我表达了他们的关心："艾老师，你怎么会同意当这种班的班主任呢？""小艾啊，这次真的是减肥咯。""艾老师，你以后可没好觉睡了。"面对大家充满关爱和担忧的眼神，我平静地说："也许这是另一种幸福的开始吧！"

看着手中的名单，我给自己打了一针镇静剂：他们只是一群被"惯"坏了的孩子。要改变学生，先要改变他们的自我期待。为了给学生留下好的印象，我精心准备了发言稿。在与学生第一次见面时，我将自己对班级发展的定位做了说明："昨天已经过去，今天我们以新班级作为新的起点，以追求发展为目标，每天前进一小步。"学生用充满怀疑的眼神看着我："老师，你说的是真的吗？""老师，你知道我是谁吗？""我知道啊，你是小胡，是吧？"当我脱口而出他的名字时，小胡惊住了，可还是不安地试探着，"那你知道我以前是什么样子吗？"我侧头一笑，"你觉得我有必要知道吗？我只知道你以后会是什么样子。"台下的同学笑开了。

播撒阳光要先拥有太阳。发现学生身上的闪光点，帮助学生改变陋习、恢复自信成了开学后的首要任务。对于这群"一无所有"的学生，我应该从哪里入手呢？此时，校园广播传来了"小红帽"紧急集合的通知。我灵机一动，为何不主动申请由我班学生担当"小红帽"一职呢？"小红帽"是光荣的称号，代表着自我约束力和责任感。成为一名"小红帽"是他们求之不得的光荣(虽然他们表现得很不屑)。心理学巨匠威廉•詹姆斯说："人性中最深刻的禀赋，是被人欣赏的渴望。"无论是怎样的学生心底里都渴望得到别人的欣赏。领导听了我的想法后慷慨地给了我 10 个名额(毕业班是免值的)。班干部成了我的首批人选，当我满怀信心地找到班长小胡的时候却遭到了拒绝，"老师，你看我个子这么高，往那一站特别地刺眼；还有那红帽子往头上一扣，感觉特别滑稽。"我开玩笑地说："你长得又高又帅，往那一站简直就一模特，多好看呐。"小胡被我弄得哭笑不得，为难地说："老师，真的……不合适，我从来没当过。"我伸长手臂，轻轻抚摸他的头，"小胡，我们从哪里摔倒就从哪里站起来。'小红帽'是一种精神，是一种自我约束力和对发展的追求，成为志愿者是光荣的。还有，当过'小红帽'可优先入团，你不是一直都想入团吗？"小胡没有回答我，反问道："老师，你觉得我能行吗？"我笑着眨了眨眼，过了一会儿，小胡才重重地点了点头。

"正人者必先正己"，为了帮助学生养成良好的习惯，我陪着他们在校门口站了一个月。然而，随着新鲜感的消失，学生的成就感开始减弱。他们不再满足于我"王婆卖瓜自卖自夸"式的鼓励了。为了扩大"小红帽"的影响力，我找到了学校德育处和团委的老师，向他们讲述了我班学生值日后的转变，并提出希望领导能够在一些公共场合对我班学生的进步提出表扬和肯定，帮助他们改掉陋习、建立自信。可喜的是，领导对我的提议给予了大力支持。当校长在周一全校集会上表扬他们的时候，全班同学齐刷刷地望向我，似乎在问，"老师，你听到了吗？我们也是好学生了。"

"小红帽"精神影响了全班。自从当了志愿者，他们迟到、拖拉的习惯早已消失。现在人人都是"小红帽"，只要遇上哪个同学请假不来，大家都争着戴上红帽子值日去，维护"红帽子"精神已经不仅仅是班干部的事情了。

学生的改变极大地震撼了我。原来，要改变学生，只需改变我们看待学生的眼光。学会欣赏、学会等待，你便走近幸福；种下一颗太阳，你便收获满屋的阳光和温暖。

评析与拓展：

本则故事，情节讲述流畅，夹叙夹议，有力地证明了自己的感悟是对的。"学会欣赏、学会等待，你便走近幸福；种下一颗太阳，你便收获满屋的阳光和温暖。"

基于以上案例分析，笔者谈谈有效调动学生主动性的两点认识。

首先，信任是第一要素。阿基米德说："给我一个支点，我可以撬动一个地球。"再有，"给我一次机会，还您一个奇迹。"是的，人与人之间，相互信任是工作的第一要素。在教育学生时，如果离开了信任，学生就会觉得老师看不起自己，误以为他就是个"废物"。长期在这样的思想驱动下，他真的就变成了"废物"，不会和其他人交流，不敢动手进行生活实践，甚至从心底里抗拒身边的任何事物，这就非常严重了。而作为教师，作为学生精神品德的指导者，需要的就是给予他们自信心，在任何事情上，都相信他们能行，在这样的眼光和思想带动下，学生慢慢就养成"我能行"的心理素质，在不断的实践中，历练了心理抗压能力，提升了实践操作本领，甚至还收获了团队合作而获得的成功感。笔者认为，我们的教育无非就是感受快乐、增强自信的过程。而我们日常的工作，别过于强调一时的成功快感，别过于追求立竿见影，这样无形中给彼此都造成不必要的压力。正如爱因斯坦所言："教育就是学生忘掉在学校所学的一切后，留下的东西。"这一东西，其实就是一种理念、一种能力、一种精气神，是一种看不见、摸不着，但确实受益终身，影响深远的东西。

其次，有效评价是持续发展的加油站。再激烈的运动，都有停止的时候，再新鲜的事物，都有过时的那一刻。是的，每个人，在进行任何一项工作的时候，都会有一段时间的保鲜期，之后，就需要外力进行促进和调节，否则，将会是昙花一现。特别是在教育我们的学生时，更加需要这一策略。而有效评价，可以有力促成这一状态的延续。当学生出现一个闪光点时，我们毫不吝啬地给予表扬和鼓励，当学生表现懈怠时，我们给予及时的疏导和交流，让有效的评价促进孩子们持续发展，让有效的评价成为学生前行的加油站。

总之，正如德国哲学家雅斯贝尔斯所说："教育的本质意味着一棵树动摇另一棵树，一朵云推动另一朵云，一个灵魂唤醒另一个灵魂。"让我们不遗余力地摇动这棵渴望成长的树，推动这朵绚丽多彩的云朵，唤醒一个个沉睡的灵魂吧。

12　三　年

孔丽颖

等到下一个春秋，等到秋叶红透，让那指针慢慢走，停在花开的时候……
——题记

2018年6月15日，充满着离别的忧伤。

三年，恍如昨日。最后一节课，你们用你们最高的礼节，给了我一场独一无二的告别。

离别的钟声响起，你们说："老师，我们有话要对你说……"

每个组在组长的带领下深情地宣读了你们的心声，你们说："谢谢你三年的陪伴，谢谢你三年的教导，谢谢你……" 不擅用排比句的你们，用排比句表达了你们的情意；不擅用文字的你们，用文字传达了你们的感激。三年过往，你们还是没能把笔下的语言练到娴熟，还是没有把各种修辞手法运用得炉火纯青，时光就这样匆匆流逝。那一刻，你们那么真诚，那么深情，那么动人。虽然早就习惯了你们汹涌澎湃地直抒胸臆，可还是让我不由自主地红了眼眶。

时光如绣，岁月结茧。在如烟往事里，是你们刚升上中学时每一节课的最后，你们背着书包看着挂钟异口同声倒数着下课的时间。还有两个牛脾气的同桌，一言不合就打得不亦乐乎，桌子椅子乱成一团，更让人气愤的是，其他同学竟然都在旁边幸灾乐祸地呐喊助威，唯恐天下不乱。当时的你们，蛮横、无理、目无尊长。

岁月总是趁人不备，慢慢爬上了墙头。三年里，你们长大了，站起来都能比我高出一个头。后来的你们，团结、友爱、懂事、意气风发。

看着你们发给我的信息，感谢三年里我做的点点滴滴。你们说，我说得最多的一句话是"善良，是一个人的底线"，所以后来你们说无论在哪里，遇到需要帮助的人，不会再冷漠地走开。其实那许许多多的瞬间我都忘记了，可你们却还历历在目。不经意间播下的一点善意，却让你们记了整整三年。能够让你们成为善良的人，当年的一点一滴能对你们有一丝一毫的影响，是为师的福气。在春天播种，便能在秋天收获满园。

你们说："你是唯一教了我们三年的老师，是我们最喜欢的老师，能成为你的学生，是我们的荣幸……"能够成为你们的老师，又何尝不是我的荣幸？有些人总说，人生若如初相见，该多么美好。而我，却独独喜欢与你们相熟后相知的岁月。可爱的三班，也许从此天各一方，也许永不相见，但我会永远记得你们这群最可爱的孩子。

如果说三班是相熟后的相知，那么二班就是雪小婵所说的"这世间，必有一种懂得，穿越灵魂，幽幽而来。不远，不近，你说，她懂；她说，你懂。"

这三年，我们无时无刻不在相互感染着，共同进步。

备战中考，压力不小。我会因为你们的成绩或喜或忧，所以对你们的要求也比之前高了许多。可是有段时间，班里竟然每天都有部分学生不写作业，我被你们气得七窍生烟。辛苦了那么久，你们竟然在最关键的日子里让我心凉。任何的松懈，都是对自己的不负责任。看着窗外被罚出去写作业的同学，竟然站满了一排，我很怀疑曾经的你们是不是给了我太多的错觉，这么浅薄而浮躁，真的是你们吗？

要知道，从前的你们，聪明好学、热情洋溢、乖巧懂事，每一次踏进教室，对我而言，都是一种享受。三年里，多少往事伴随着拧不干揉不碎的回忆，汩汩流淌。那样的你们，在我心里是完美的化身。三年，这就是朝夕相处了三年的你们吗？是不是之前太过宽松，才让你们那么有恃无恐？从前亦师亦友的我们，开始有了裂缝。若非要给你们上课，我甚至都不愿踏进你们教室半步。那段时间，我们各自回到各自的轨道里，我成了你们眼里陌生的"严师"。你们喜欢轻松愉快的课堂，不喜欢老师那张严肃的脸，我如何不知！为师者，都希望桃李满园。也许，是因为把你们看得太重，也许是因为，把你们放得太高，我才会有那么大的失落。许多的不理解，是从没能好好沟通开始。直至有一天，你们说："老师，你变了……"我才意识到，我的情绪也让你们无所适从。从你们的话里，我开始反省自己，我开始站在你们的角度去看待问题。那时候，到了中考最后冲刺的阶段，有些同学开始把时间放在了弱科上，而且各科作业都不少……

后来，我们彼此鼓励，共同走完了最后的一段岁月。

同样是 2018 年 6 月 15 日，最后一节课。我把整节课的时间都用上，不留丝毫空余，当下课铃声响起，我说："祝同学们考场得意，鹏程万里！"你们用最热烈的掌声送我步下讲台，一切尽在不言中。

因为懂得，所以宽容；因为用心，所以深刻。

不想就那样没有交代地一笔勾销，所以把你们刻进了我的回忆里。但曾经全心全意地付出过，便也可以问心无愧。长江之水送行舟，送君千里，终须一别。泪水在眶里打转，却还能执叶欢喜。也许云会淡风会轻，那又如何？曾经相遇，就已经很美好。

三年，又一个三年。

再见了……

评析与拓展：

本则故事，其实就是一篇回忆录，一篇让读者动情的散文。整篇文章，讲述了三年一届的轮回时光里的点点滴滴，开心与误会，严厉与善良，最后被彼此的懂得、彼此的宽容、彼此的真心所征服，都沉醉在"曾经的相遇就是美好"的境界中。可见，我们的孔老师确实在这三年动过情，确实感染了我们的孩子，是一篇很好的小故事。

基于以上案例的分析，笔者谈谈教师与学生之间应该存在的关系。

我们就是好朋友。好朋友的关系，最为重要的就是突出三点：真诚、平等、互助。真诚，即彼此之间真诚相对，用我们的真心一起耕耘我们的交往，让彼此相互信任。平等，即为彼此之间和平相处，平等相待，多学会换位思考，从而相互理解，和谐与共。互助，即相互帮助，取长补短，让彼此健康成长，顺利前行。可能有些人会认为，我们老师还需要学生帮忙吗？其实，您错了！"三人行，必有我师焉。"再有，"以前教科书是学生的世界，现在世界才是学生的教科书。"现如今的社会，学生获取知识的途径已发生变化，不再是满堂灌、填鸭式，更不是只从课堂上、从老师的嘴巴里才能学到需要的知识，现如今已变为探究性学习，生成性课堂，您的课堂往哪走，一定程度上是由学生的活动变化而变化的。因此，别老扮着一种高高在上的样子，没办法低下头，搞得自己辛苦，学生也辛苦。同时，笔者还认为，和学生形成朋友关系，其实是我们老师赚到了！请想一想，我们作为老师，没有特殊情况，也许一辈子就是一名教师罢了！但我们的学生，就不一样。他们是祖国的未来，前途无量，未来将会是各行各业的佼佼者，是我们闲谈阔论的骄傲，也是我们引以为荣的教育案例。因此，能和学生形成好朋友的关系，是我们的荣幸。

我们就是合作者。现如今，我们最常谈及的社会关系就是共建，互利共赢。而教师与学生之间，也应该形成这样的关系。试问：建设一个优秀的班集体，需要谁? 不就是全体学生吗? 在这样的过程中, 其实教师只是一个参与者, 最多是一位研判者, 给他们掌舵, 让他们在建设中更具方向性, 更有激情, 更具使命感。现如今, 课堂构建也是这样, 没有学生的参与, 没有师生之间的默契, 能阔步前行吗? 能形成一节理想、高效的课堂吗? 其实每个人都心知肚明。

总之, 只要我们摆正自己的位置, 在教学与管理工作中, 和学生确实形成好朋友, 组成合作者, 那教师的一切工作将会是幸福的、丰实的, 否则, 将会陷入自我境界, 不能自拔, 失去了教育工作的意义。

13 奇 迹

梁 慧

14:11 眼看就要输了, 队长叫了一个暂停, 缓了一缓。谁都知道, 这是决胜局, 不容失误。这时候需要的是信心, 要沉得住气。对方开球过来, 是中场球, 一个劈球拿下了一分, 我再发一个后场球, 又拿下了一分。场下啦啦队来劲了, 加油声此起彼伏。我告诉队员, 别急, 发好球。球顺利发过去了, 对手起球, 劈杀。我们稳住了球, 二传起球, 小谢劈杀, 可惜不是很到位, 手掌碰到而已, 球缓而无力。我心里咯噔一下: 完了! 奇迹出现, 球居然越过网, 落在了对方的网前, 无法挽救。比分平了, 心里的石头稍轻了一些, 最终一鼓作气拿下了比赛。队员击掌庆贺, 场上场下欢欣鼓舞……

"不放弃! 不抛弃!"《士兵突击》里许三多的话又回响在耳旁。是呀! 在遇到困境的时候, 只要不放弃, 有信心, 沉得住气, 往往奇迹就会出现。在教育教学中又何尝不是这样呢?

小欣长得文静, 又爱劳动, 属于乐于助人的那种类型。但她自卑, 不敢抬起头说话。记得接班时, 老师说, 尽力了, 但是三年级后从来不及格过, 真拿她没有办法。果不其然, 接手后, 几乎每次单元考试都是 30 分左右, 大考平均分就少了 1 分左右, 拖班级后腿, 当然也影响绩效, 该用什么办法呢? 先给她树立信心吧! 每次背完课文, 夸她记忆力不错, 那么难都能背下来。改作业时, 把写得好的字圈出来, 告诉她写慢一点, 她能把字写漂亮的。改卷老师看得清楚, 分数自然就会提高。作业能拿 A 或老师写有进步, 累积一定数量也有奖励, 另外让同学帮助她。慢慢地, 小欣感觉到了老师、同学对她的爱。每隔一段时间就和她聊天, 给她订一个近期小目标。事情虽有反复, 但是经过多次的耐心教育, 她的作业终于写得好多了, 自己主动要求进步了。记得一次测验后, 她主动发信息问我: "老师我多少分, 及格了吗?"当我告诉她及格时, 她发了一个微笑的表情给我, 第二天发卷子时, 对于她的进步, 我让同学们给予她热烈的掌声, 并给她订了一个期末目标——70 分。上学期期末她的成绩达到了预定目标，我又一次看到了她灿烂的笑容。

记得苏霍姆林斯基说过："教育技巧的全部诀窍就在于抓住儿童的这种上进心，道德上的自勉。"要是儿童自己不求上进，不知自勉，任何教育者就都不能在他的身上培养出好的品质。可是只有在集体和教师首先看到儿童优点的那些地方，儿童才会产生上进心。是呀！当我们掌握了教育方法，然后沉住气，多一点耐心去教育孩子，我们不是就能收获更多的奇迹吗？

评析与拓展：

梁老师通过两个小故事的讲述，表达出自己的真实感悟：在遇到困境的时候，只要不放弃，有信心，沉得住气，奇迹往往就会出现。

基于以上的案例分析，笔者分享一下对困境的两种理解。

大文豪巴尔扎克曾说："苦难，对于天才是一块垫脚石，对于能干的人是一笔财富，对于弱者则是一个万丈深渊。"所以，面对困境，有两种截然不同的看法，由于看法不一，产生的结果也是迥然不同的。

先说把苦难当作垫脚石、财富的强者。这类人的心态是最好的。试问人世间，谁能一帆风顺呢！肯定会随时遇到各式各样或大或小的麻烦，如果您把它当成一次机会，一次积累人生经验的机会，那您就会去想方设法解决它。哪怕不能圆满解决，也会以积极的心态去面对。所以说，无数次苦难的历练，方能形成一位炉火纯青、百折不挠的您！

接着是把苦难当作万丈深渊的弱者。困难，对每个人来说，其实都是常客，但如果您把这一常客看成是人生的不幸，当成是前进路上的万丈深渊，那您自然就会望而却步，停滞不前，甚至演变成生活的弱者，整天胆战心惊地活着，整天疑神疑鬼地走着，长此下去，自然就会形成变态的心理，将会一事无成。

笔者认为，人生前进的道路绝对是布满荆棘，坑坑洼洼，甚至崇山峻岭，惊涛骇浪，只有有勇气越过它们的人，才能看到山那边的美丽风景，才能晓得远处灯火通明的样子。否则，在您面前的，永远就是您最不愿意看到的，一辈子越不过的万丈深渊。

希望我们都是智者，勇者，强者！加油！

14 莫让智者被扼杀

陈国兴

教学中的失误是可以避免的。面对失误我们应该冷静地想一想，为什么会失误？主要症结在哪里？用什么方法弥补？应该吸取什么教训？思考问题多了，好题材也就产生了。

一位青年教师准备上一节"圆锥的体积计算"展示课，让我去听他的试教课。这位教师用圆柱体和圆锥体的容器进行操作演示，接着再引导学生分组动手操作，从学生的"误"和"悟"中顺利地推出"圆锥体的体积是与它同底等高的圆柱体体积的1/3"，从而得出 $V=1/3 \cdot Sh$。这节课可谓是实践性、探究性突出的一堂"完整"课。而我却不这样认为，因为课堂上的一个细节深深地吸引着我，让我很震撼。分组操作实践时，我在一旁亲眼看到一个"小调皮"高兴地跑到老师面前说："老师，可以把圆锥体的容器装满沙子，封口后放入装着水的长方体水槽里，看到水上升的体积，就是这个圆锥的体积。"当时老师因忙于指导其他同学，直接回应："你就别打岔了，好好按大家的方法去操作！"当时这位同学很不高兴地回到座位，再没兴趣去参加这个实践活动。我被这一情景触动了，这其实打破了一个学生的梦想，浇灭了一个学生的创新火花。课后交流，我提出希望这位青年教师能抓住这样一个启智的契机时，这位教师说，这是"节外生枝"，很不好引导。怎么会呢？"可以让学生把同底等高的圆柱体容器也装满沙子，把它也放入水槽里，计算水上升的体积与圆锥体体积，找出其中的关系，看看行不？"我真诚地告诉他，他若有所悟，接着点点头，以表示接受。

莫让智者被扼杀，要将教学引向更开放的境界，这也是新课标的要求。这位教师在第三天的公开课上就十分大胆，学生在快乐的氛围里，积极发现圆锥体的体积计算公式，思维十分开阔。有的提出用橡皮泥捏出同底等高的圆柱体和圆锥体，看到圆锥体只用圆柱体的泥团量的1/3；有的用装在两个容器内水的重量进行测试；还有的把圆锥体容器放入同底等高的圆柱里，往剩余空间填沙，量一量填入的沙子的体积是 2 个圆锥体的体积等。甚至，教师还拿出一个不规则的土豆，让学生合作想方法测出体积，学生想出十多种方法。这样给学生创造了丰富想象的意境，激发了学生"我要创造"的热情，充分调动学生的学习积极性，赢得前来听课教师的阵阵掌声。

通过这件事，我忽然想到一则教育故事。跳蚤原先跳起来的高度出乎人们的意料，每次均在其身高的一百倍以上。如果在它的头上罩一个玻璃罩，继续让它跳，再过一段时间，它只能跳起比玻璃罩低的高度。然而随着玻璃罩的降低，最后摘掉玻璃罩，素有"跳高能手"之称的跳蚤再也跳不起来了。只能成为一个"爬蚤"，其跳跃的欲望和潜能正是被玻璃罩给扼杀掉了。

现在提倡富有生命力的教学课堂，我们莫让学生被加上扼杀潜能发挥的"玻璃罩"，切不可怕学生"节外生枝"，为了自己的"好引导"而压抑学生"超越"的创新。请牢记，"教师是人梯"，这"梯"就是教师给学生一层层"跳摘苹果"的平台。

莫让智者被扼杀，教学中充分尊重学生个性化的见解，让其充分张扬个性魅力。让孩子兴奋起来，激动起来，全身心地去创新，我们的课堂潜藏着的定是未来的爱迪生和牛顿。当然，学生的逻辑思维能力还有欠缺，他们的发展往往是点滴的、琐碎的、片面的，犹如一颗颗耀眼的珍珠，虽然色泽莹润，光彩照人，却三三两两，易于丢失，不易保存。教师的职责是教给学生思维方法，传授"穿针引线"的技能，让学生把自己的点滴成功以一定的思维形式串起来。正如上例中"圆锥体的体积要与它同底等高的圆柱体的体积"相比才好推导计算公式一样，学生的思维珍珠深深嵌入脑海中，成为学生学习长河上熠熠生辉的明珠，更重要的是它展现生命经历的全过程，在人生长线上"会学"的光点，这是终身受益的。

作为教师，莫让智者被扼杀，甘为人梯，让学生踩着我们的肩膀去摘取更耀眼的明珠，让其踩出一条灿烂的星路吧！

分析与拓展：

本则故事，以一节数学课的试教为线索，讲述了课堂教学从封闭到开放的不同效果，旗帜鲜明地向我们证明了一个非常正确的教育哲学原理：张扬个性的课堂，才是最具活力的课堂。

基于以上的案例分析，笔者谈谈创建活力课堂的几点认识。

第一，活力课堂应该是目标明确、多元的课堂。课堂要干什么，是我们必须要明确的，这是教学最基本的要求，也是最低要求。只有目标明确了，才能有效设计教学过程，只有严格按照目标去落实和实施，也才能运用恰当的评价手段来检测学生的学习情况。

目标明确并不等于一刀切，还要注意目标的多元化，也就是要针对不同层次的学生设计不同层次的目标，让课堂真正富有活力。在课堂上让所有学生都感受到快乐，每个学生可以在自己原有学习基础上得到提高。

第二，活力课堂应该是科学、高效的人本课堂。课堂的有效性是教学的生命，有效的课堂教学也是学校的生命。我们今天提出活力课堂，就是在追求课堂有效性的基础上，成就有效→高效→优效→活力的课堂。教学的有效性，依然是我们追求课堂教学的基本要求，也就是底线，是每个老师都应该达到的目标，这也是我们一直倡导的"有效教学"的要求。

作为教学的最基本要求——有效教学，课堂教学的指标如下：

(1) 学生主动参与学习。

(2) 师生、生生之间保持有效互动。

(3) 学生形成对知识真正的理解。

(4) 学习材料、时间和空间得到充分保障。

(5) 学生的自我监控和反思能力得到培养。

(6) 学生获得了积极的情感体验。

不仅如此，我们在有效教学的基础上，提出追求课堂的科学性与高效性。也就是说，目标的设计、教学的过程都必须符合学生的认知规律和特点，通过循序渐进的教学流程和科学的方法，让学生在具体的一节课中能达到厚积知识，破难解疑，方法优化，能力提高，学习高效的境界。同时，也给学生创造安全的学习心理环境，充分享受到学习的快乐，亦即科学高效的人本化课堂。

第三，有效整合并合理开发课程资源的课堂。课程资源也称教学资源，就是课程与教学信息的来源，或者指一切对课程和教学有用的物质和人力，或指有利于实现课程和教学目标的各种因素，也可以仅指形成课程与教学的直接因素来源。

富有智慧的教师是善于整合各种课程资源的教师，这必然大大提高课堂教学的效果。教师应学会和发挥自身的整合课程资源的能力，整合的同时也在开发课程资源。表现在：

整合社会资源——充分利用家庭、社区开展的教育教学活动。

整合生活资源——比如，教师将生活中熟知的月历开发成课程，一个小小的月历中有那么多的奥秘，这对于学生来说也极易调动学生的参与热情。让学生课前收集的贝壳、学校开展的阳光体育活动，还有学习第一人称、第三人称等把学生熟悉的老师、学生的照片做到幻灯片中，给了学生极大的亲近感，创设了很好的教学情景，等等。

整合媒体资源——比如，将一些很熟悉的广告语、图片等设计为课堂的一部分；广泛调动学生阅读的兴趣，利用图书馆和电子图书资源拓宽阅读面；等等。这些资源的整合利用，对于提高课堂教学的效率、培养学生的学习能力来说，将起到非常大的促进作用。

第四，活力课堂应该是自主探究的课堂。自主探究的学习方式是新课程所倡导的重要理念。但新课改实行这么多年了，一说到自主学习，还是有相当多的教师认为自主就是放手，就是教师不讲、学生自学，就是每堂课只能讲几分钟，必须给学生多留时间。新课程所倡导的自主学习、探究学习，实际上是为了改变传统教学中满堂灌的机械教学提出的。传统教学中，把学生当作学习的机器，教师是传授知识的机器，重知识的灌输，忽视教学过程中对学生学习能力的培养；没有把学生当作学习的主体，老师教给学生什么，学生就只能接受什么。新课程所倡导的自主探究式学习，就是要真正把课堂还给学生。所以，我们理解的自主探究的课堂，应该是重视学生主体，真正站在学生的角度进行教学的课堂，既要重视基本知识和基本技能，又要重视知识、技能的形成过程，发展学生的能力。

第五，活力课堂应该是合作分享的课堂。合作，作为现代社会发展的一种趋势，影响着人类社会的每一个个体。新课程主张个性的体验，同样提出要培养学生合作学习的能力。在开展合作学习实验中，很多老师认为，"合作"就是小组讨论。于是，小组讨论成为合作的代名词，而具体在课堂上，"小组讨论"则成为调节时间的一个重要武器。当时间充足的时候，就让学生"讨论讨论"；当时间紧张的时候，无论学生的问题讨论到什么程度，都要跟着老师的教学要求停止。这是非常常见的教学围绕着教学设计进行，而不是围绕着学生的学习进行的现象。这样的"讨论"并不是真正意义上的合作学习。

第六，活力课堂应该是开放的课堂。课堂本应是舒展心灵、放飞想象的场所，统一的要求、统一的方法、统一的标准答案，往往束缚了孩子们的思维，遏制了孩子们的天性。新课程中，特别强调要尊重孩子的天性，将课堂还给孩子，于是，也就有了热热闹闹的课堂，有了满堂问答的课堂。虽说有的教师也努力将课堂向外拓展、延伸，但始终还是教师牵着学生的鼻子走。表面上动起来了，骨子里还是封闭的思维、封闭的模式。

在此，笔者建议各学科教师，在课堂中应大胆摒弃传统教学的那种封闭与灌输式的教学，摒弃一切围着教科书和教参转的局面，从时间上说是现在向过去、将来辐射，从空间上说是课内向校内外、家庭、社会辐射，从内容上说是从书本向生活辐射，打破"求同"，敢于"求异"；不受定式的影响，不受传统的束缚；思考、解决问题要多角度、多因果、多方位。因为教材改革总是远远滞后于时代迅猛发展的步伐，很多新知识新技术不能及时补充到教材里，这就需要教师做个有心人。

教师们通过选择开放的内容，提出开放式的问题，采取开放的教学方式，使得课堂有效地链接生活，链接社会，课堂真正做到了由封闭走向开放，这样的课堂才能不断地生成智慧，也才会使我们的课堂具有了较强的生命活力。

第七，活力课堂应该是智慧生成的课堂。"应试教育"，课堂上注重的是知识，而不是智慧，最终获得的只是知识，而不是智慧。我们今天的教育，在很大程度上还是秉承了传统的知识为主的教育，是"塑造知识人"而不是"智慧人"的教育。知识丰富的人不等于是有智慧的人，就好像我们说某某人学富五车，假如仅仅是拥有了丰富的知识而不能灵活运用，也就相当于是一个小词典而已，甚至还不如一个词典，因为词典还有目录、页码，需要的时候就能找到。我们需要知识，我们更需要智慧。智慧需要知识，但是知识不等同于智慧；知识可以生成智慧，但是知识生成智慧要有条件，要看用什么样的方法，然而可以大胆地说：用机械训练、灌输的方法，知识是产生不了智慧的。

有人说，智慧有其鲜明的外部特征：愉快、欢悦、幸福，这是智慧的表情。要让学生智慧起来，首先就要让他们愉快起来、自由起来，只有愉快的心情和自由的氛围智慧火花才可能闪现。有了这个前提，再加上教师富有智慧的设计和启发，学生的智慧之火被点燃了，课堂也就有了灵动的旋律和七彩的光芒。

第八，活力课堂应该是科学精神与人文精神相融并立的课堂。人之所以为人，因为人有特有的人性，人还有人特有的灵性，更有人性与灵性交融而升华成的精神境界。人性的培育与开发，主要靠人文教育；灵性的培育与开发，既要靠科学教育，也要靠人文教育。只有两者相融并立，方能建立较为科学和有一定高度的活力课堂。

15　这样的她

曾杰婷

还是往常的开学日，校园里还是回响着那熟悉的歌谣，我走在学校的操场上，内心有些忐忑，步伐有些沉重，因为临危受命，没有一点点的心理准备，略感茫然，就这样踏进了那一个教室……

这一幕至今仍在我的脑海里久久不能散去：教室里的桌椅东倒西歪，学生们在嬉笑打闹，全然不顾外面响起的上课铃声，墙面上挂着七零八落的窗帘，这与开学注册日欣欣向荣景象有些格格不入。我深吸一口气，踏上讲台，讲台上的粉笔、黑板擦、毛巾、练习册散落一地……我惊呆了，怎么会这么乱？学生们都在干什么？这些就是我这个学期要带的学生吗？一大串问号在我头顶飞过。在学生们的嘈杂声中，我尽快地平复了自己的情绪，想起今天要做的事情：注册、搞卫生、领新书、发新书。我随口一问："上学期谁是本班的卫生委员，能否帮老师一个忙？"我以为会没人搭理我，这时她出现了，一个绑着马尾的女生，长着两颗小兔牙，笑起来，脸颊微微泛红，有点害羞，这是我对她的第一印象。她站起来小声地说："我是上个学期的卫生委员，我这就带同学去打扫公共卫生区。"此刻，终于感受到秋日早晨那一丝丝凉爽的风在我心头飘过，终于有人肯接受我这个新来的班主任了。十分钟后，打扫卫生的学生三三两两地走进教室，大部分学生拖着本就破烂残缺的扫把走到卫生角，随手把扫把一扔，头也不回地走回自己的座位。在他们身后，扫把以一个完美的弧度七倒八歪地躺在了卫生角，"咔嚓"一声，似乎在告诉我：它这一学期来承受的痛苦，它的寿数已尽，没法再为我班服务了。这时我看见她左手拿着两把脱落的扫把，右手提着一个生锈的垃圾铲，步伐轻盈地走进教室，三两下就重新拧好了那两把脱落的扫把，轻轻地放下它们。我以为她这时会来向我汇报工作，然而，她顺手就捡起散落在教室后面的旧书、零食袋、餐巾纸，其他同学没有摆放好的卫生工具也被一一摆放整齐，动作干脆利落。一分钟过后，原本脏乱差的卫生角在她的整理下，顿时干净整洁，整个教室的面貌在我心里也焕然一新了，原来她是这样一个女学生。

从那以后，她继续担当这个班的卫生委员。每天早上她都会很主动地带着同学去打扫卫生区，把班里的事情当成自己家的事情来做，是那样的不怕苦、不怕累。

临近学校运动会了，那天我回到办公室，看到桌面上多了两箱矿泉水，我心想这是谁放在这里的呢？课间，她有点不好意思地来到办公室，告诉我这是她拿给本班运动员喝的，运动员为班里拼搏，没有水喝可不行。我正想告诉她，不需要她买，班里会集体购买，她却一溜烟地跑出了办公室，留下我在办公室发愣，原来她还是这样一个小女孩，关心集体，为集体出力也不愿意让大家知道。从那以后，我打心眼里喜欢这样的一个她。

德国哲学家雅斯贝尔斯说："教育的本质意味着一棵树动摇另一棵树，一朵云推动另一朵云，一个灵魂唤醒另一个灵魂。"从与她的相处之中，我深深地被她平凡外表下那一颗真挚热诚的心所吸引，作为老师，虽然我能教给她课本上的知识，但是她却用生活中的小细节，教会我什么是真正的教育，让我感受到生活的真善美，让我愿意每一天都走进那间教室，看着孩子们一天天的成长。虽然每天都是平凡的一天，但是我相信，这平凡的背后，一定会有不一样的东西在发生……

评析与拓展：

本则故事非常平实，但又凸显出一位新老师(曾老师是新招聘入职的第一年)的用心之处。故事通过讲述两段让老师比较感动的情节，对"她"留下了非常深刻的印象，且从中产生了较为深刻的教育共鸣："教育的本质意味着一棵树动摇另一棵树，一朵云推动另一朵云，一个灵魂唤醒另一个灵魂。"

基于以上的案例分析，笔者谈谈新入职教师应从哪些方面做到用心教育。

教育其实就是一种感化，一种唤醒。想要做到这一点，必须做到用心。

第一，用心学习。学习是一个人成长的阶梯。作为一名新老师，刚从学生的角色转为教师的角色，需要虚心向身边的教师学习课堂教学、班级管理、同事之间的相处之道等等。牛顿曾说："如果说我看得比别人更远些，那是因为我站在巨人的肩膀上。"因此只有我们用心学习，站在这么多成功前辈们的肩膀上看世界，自然就能快速成长，阔步前行。

第二，用心工作。作为教师，从一入门开始，就应当将教育工作当作我们一辈子的工作，最终这块田地长得如何，就看我们怎样去耕耘。是当一天和尚撞一天钟，人云亦云，还是呕心沥血去耕耘，直接决定了这块田地未来的模样。作为新教师，您一开始就用心去工作，针对教学遇到的困难，用心去思考，敢于尝试，不断积累属于自己的课堂教学经验，不断形成自己的教学风格；面对班级管理的问题，用心去寻找根源，选择合适的管理实施策略，不固封自守，不随波逐流，形成自己的管理理念，长此下去，这块田地在您的用心浇灌下，将会结出累累硕果。

第三，用心交流。交流是快速提升自己工作能力的途径之一。通过日常的交流，我们可以争取得到"1+1>2"的学习效果，并且在相互交流中，除了不断提升自己的沟通技能，还增强了彼此之间的信任。"朋友多了路好走""多位朋友多条路"这些都是有一定道理的。通过有效交流结交的这些朋友、前辈，就是您的良师益友，前进路上的助推器，健康成才的师者。

第四，用心总结。叶澜教授说："一个教师写一辈子教案难以成为名师，但如果写三年反思则有可能成为名师。"可见，勤于总结反思，是一位名师成长之路上绕不过的坎，既然是这样，我们还不如迎面而上，做一位勇立潮头的奋斗者。作为一名新教师，一切发生在教育教学上的事情，都是新鲜事，都是一次增长教育教学经验的机会。您如果记录下来，并加以总结，加以思考，特别是根据前辈们的经验，加上自己实践以后的感悟，在一定时间的积累后，您的成长会有质的飞跃，这将会促进您快速形成独具个人魅力的教育教学风格，将为您成为一位真正的名师奠定坚实的实践基础。

总之，只要我们用心付出，用心耕耘，相信在春天播下的种子，到了秋天总会有收成的。

16 教育——从关注学生课堂行为发展开始

陈红丹

夸美纽斯，班级授课制的确立者。在班级授课制的实施过程中，教育者通过课堂教学来给受教育者进行授课是基本的形式。而好的课堂教学氛围，是有效形成良好课堂教学效果必不可少的关键因素。鉴于此，本人觉得：教育，需从关注学生课堂行为发展开始，现在跟大家分享几则发生在课堂上的故事。

跟踪教育，关注内向生的课堂表现。我深刻体会到：作为一位教师，要善于观察学生的一举一动，了解学生的家庭情况，发现学生的优缺点。我们班有一个长相可爱、聪明伶俐，但在课堂上却寡言少语的女孩子，平时课间她只与几个要好的同学交流。通过与其家长交流后才发现，原来这个小女孩从小在农村外婆家生活，较少与生人接触，导致现在性格内向，几乎不在人群中展露自我。我在对这个孩子有了一定的了解后，就开始在上课时设置"开火车"的游戏，让她认为这只是不经意间叫到她，让她减缓紧张感与放下戒备心。第一次回答问题，她声音小得像一根针掉在地上发出的声音，几乎听不见。但我还是鼓励她，说她比以前进步了，突破了原来的自己。第二次，在叫听课但不举手的学生时，故意点到她的名字。我发现她这次回答问题的声音在变大，我抓住她变化的机会，及时表扬她的进步。在接下来的日子里，我时刻关注着这个小女孩的变化。终于，皇天不负有心人，她主动举手积极回答问题了。我倍感欣慰，同时也为她的变化感到高兴。在这个教育的过程中，我运用了亚里士多德的"教育遵循自然"的理念，循序渐进地引导她，符合其认知发展规律。

发挥教育机智，即将干扰因素转化为强化教学效果的一方良药。上课期间曾经发生过这样一个故事：学生正在认真听课之际，窗边飞来一只虫子。这时候，学生不再认真听课，视线早已被虫子吸引过去，并讨论到底是什么虫子。当我观察到这只虫子飞进教室并且安静地停留在天花板上时，我抓住机会，向学生提问"这只虫子在干什么？是安静地待着还是扑腾扑腾地飞来飞去呢？"学生就会回答，"安静地待着。"接着我再问，"那是虫子安静还是你们安静呢？"学生答，"虫子。"然后让学生思考为什么虫子飞进课堂安静的现象让学生深刻意识到我们在上课期间应该学会控制自己，保持听课的状态。通过一问一答，从学生当时感兴趣的事物出发，去引导学生，让学生轻松却又真正地意识到听课的重要性。如果一味地进行压制性教学，这样不但会影响教学效果，也会在一定程度上导致师生关系的不融洽。

培养课堂小老师，势在必得。上课时间有限，在让学生汲取书本知识的同时，也要积极培养学生的自我表达能力。这样不但能让学生对已有的知识得到巩固，还能锻炼学生的胆量，提高学生的口头表达能力。除此之外，还可以从学生的表述过程中去了解学生对这个知识点的掌握情况。中国乃至世界上第一部教育专著《礼记·学记》中记载："道而弗牵，强而弗抑，开而弗达"，意思是我们教育工作者，应该引导学生而不是牵着学生走，鼓励学生而不是压抑学生的天性，开拓学生的思维而不是代替学生去做决定。所以，在培养课堂小老师的过程中，我鼓励每一位学生积极参与其中，及时进行启发诱导，针对课堂小老师的表现，先让其他同学进行评价后，我再进行点评，并做到长善救失。

本着"桃李不言，下自成蹊"的教育理念，我在教育教学岗位上尽职尽责，重视良好课堂氛围的有效形成，以学生发展为主体，关注学生的身心健康发展，及时反思自我，及时调整教学方式方法，当学生的引导者、合作者。

评析与拓展：

本则故事，主题明确，通过三则小故事的讲述，表达自己的教育观点：教育，需从关注学生课堂行为发展开始。

基于该教育观点，笔者试谈几点关注学生行为发展的认识。

第一，理念先行。习近平主席在一次下基层考察时曾强调："理念是行动的先导，一定的发展实践都是由一定的发展理念来引领的。"换为我们的教育理念，也是一样的，"是什么样的教育教学理念，决定着老师们什么样的行动"。如树立的教学理念是"学习习惯决定教学成果"的话，那您在日常教学中，就会非常重视学生学习习惯的养成，会时刻关注学生这一方面的发展，在您长期的关注下，学生肯定会养成比较好的学习习惯。再比如树立的教学理念是"兴趣是最好的老师"的话，您在课堂实践时，会非常重视各教学环节的设计，重视学生的课堂表现。在您的长期实践下，确实有效地调动了学生学习的兴趣，从而提升了教学效果。因此，可以说，您的理念决定了您的行为方向，也决定了您的教学成果将侧重的是哪一方面。

第二，进步为重。教育是一棵树摇动另一棵树，一朵云推动另一朵云，一个灵魂去唤醒另一个灵魂。既然是这样的联动，可以看得出，不是那么容易达到质的飞跃，也不可能像我们想象中那样理想，甚至还会让我们大失所望。所以我们给自己定下的目标不能太高，最好是"跳一跳就能摘到"的高度。换句较为平常的话，就是我们要树立一种"只要能有进步，就应该给予高度肯定"的理念。学生也会在这样的理念促使下，健康快乐成长。说句实话：学生时代，快乐享受教育太重要啦！

第三，氛围为导。孟母三迁的故事，给我的最大启示就是生活环境能改变一个人。我也比较相信《孔子家语》中的一句话："与善人居，如入兰芷之室，久而不闻其香，则与之化矣。与恶人居，如入鲍鱼之肆，久而不闻其臭，亦与之化矣。"我们在日常的教学管理中，需要建设怎样的班级文化，营造怎样的学习氛围，这些是决定您把孩子们导向何方的重要因素。

第四，教育为本。我们的教育活动丰富多彩，五花八门，但却不能没有方向，没有目的。如发现班级缺乏凝聚力，可以倡议学校开展各类班级比赛活动，提升彼此的凝聚力；如发现班级没有朝气，可多进行体育类的小组比赛项目；再如发现个别学生对学习没有任何的动力，可以设置不同层次的学习奖项，像进步奖、优秀奖、学习榜样之星等等。总之，这些活动的开展，这些教育行为的选择，我们必须遵循教育为本的原则。

有句话说得好："如果您把学生看作天使，那您便生活在天堂里；而如果把学生看作魔鬼，那您便生活在地狱中。"所以，学生是我们的资源，是我们工作的对象，需要我们去关注，去教育，只有这样的教师，才会永远生活在美丽的教育天堂当中，也只有这样，才能有朝一日，到达我们理想的教育彼岸。

17　一张奇怪的请假条

陆红映

上午放学的时候，我在自己办公桌上看到了一张奇怪的请假条：

尊敬的×老师：

由于心情不好，今天下午观看文艺汇演的活动不能参加，特向老师请假。望批准。

陈××

2017 年 12 月 28 日

这些人总想先斩后奏！我有些生气，请假的人应该亲自在我面前陈述理由，征得我的批准，这才规范啊。但我也感到非常奇怪，一般学生请假都是生病了或者家里有事，好家伙！这次竟然别出心裁，心情不好也来请假，这是我当班主任十几年来头一次遇到，实在是太奇怪了。但我也好奇，她到底遇到了什么，心情不好？陈××同学是个聪明的女孩子，是班里学习优等生，她学习认真，热爱阅读，知识渊博，但又好强，个性鲜明。平时在班里，她是最有主见的一个，回答问题总是能一针见血，又快又准；辩论的时候引经据典，驳得对手哑口无言；古诗词更是信手拈来。这么一个内心强大的人也会“心情不好”？今天下午学校举行元旦文艺汇演，不论是有节目或没节目的同学，一律要参加，因为这是一项集体活动。但她却以不太充分的理由请假了，而且先“下手”了！想到这里，我怒气冲冲地走进教室，大声问：“陈××呢？”大部分同学已经回去了，还有几个学生在收拾书包，见到我，都吃惊地看着我。我问他们，今天班里有什么事情吗？大家摇头，我又问，那你们知道谁和陈××闹矛盾了吗？他们又摇头。这时有人说，课间曾经见她伏在课桌上哭泣，问了她也不说。

我回到办公室，刚坐下不久，陈××背着很沉的书包来了，她后面跟着吕××同学。她一进门，我有些生气地质问她：“你有什么理由请假呢？你以为这个学校是你开的吗？想干嘛就干嘛，再说你要请假我得打电话告诉你的家长，不然谁负责呢？”我见她不吭声了，以为她认了错，就缓和了语气说：“老师想听听，你的心情不好指的是什么？”她咬着嘴唇，不出声，旁边的吕××突然说：“老师，这是一件很令人遗憾的事，她不能接受。”是什么事这么严重？听了吕××的述说，我才明白，原来学校元旦汇演已经准备了一段时间，陈××是舞台幕后专门负责旁白的人选，她非常喜欢这项工作，常常在放学后还在教室里练习，可就在早上，负责的老师却不让她上场了！她觉得很掉价，回来后同学中有人知道了，就起哄，个别男同学还讥笑说“癞蛤蟆也想吃天鹅肉！”有人还说，因为她长得太丑了，颜值的问题。事情就是这样，其实也没多大的事，但对于一个好强的人来说，就是件大事啊。说不好，她会从此不再参加集体活动，完全失去自信心。为了给她一个冷静的思考时间、一个消化的过程，我简单跟她交谈了一下，然后叫她回去想想，并给她两种选择：想通了，下午来参加活动；没想通，不来。明天写一封信给我说明原因。

下午她没来。

我知道她是非常在乎这个"名誉"的，正耿耿于怀呢。

第二天一早，我收到她的信，足足写了三页纸，其中这段话令我印象深刻：

"我并不介意这小小旁白的替换，我只想知道这几天我的劳动成果有没有被重视，当然答案也是不言而喻的。我真正寒心的是终于认清自我的价值，虽为人，其内壳与一颗沙砾、一滴水又有什么区别？面目模糊只是你给大众的最基本的印象，没有人会记得你的名字，没有人认同你，没有人会在乎你是否存在。你太弱小了，无权决定自己的生死与去留。对不起，我也不想平添自卑。只是没想到我这么自信的外壳就这样轻而易举地被现实所打破。"

我知道了事情的严重性！这件事，对于一个各方面都很成功的优等生来说，就是一种失败！他们也许不怕学习上的困难，但其他方面他们未必能处理好啊。心理学家曾分析过，学优生是班级中学习的强者，是家长眼中的宝贝，是老师心目中的好学生，也是其他孩子羡慕的对象。于是太多的表扬让他们有了一种高高在上的感觉，但是，这也造成了他们脆弱的心理。一旦他们的目标、需要和行为受到某种挫折时，他们更容易情绪低落，甚至与学校、教师消极对抗，从而走向极端的道路。

陈××同学学习上是年级中的佼佼者，她得到的奖项无数，她的作文也常常被当作范文来读，她同时又是一个处处要求很高的人，自己认定的事一定要成功！好像也没有过失败。今天这样的事对她来说简直是"奇耻大辱"，她竟然失败了！心理上过不去这个坎啊。

第二天我先去找负责文艺汇演的老师了解情况。原来，文艺汇演在露天举行，很空旷，男生的声音比较宽阔，音响效果会更好，所以就把她替换下来了。因为当时很忙，老师也没来得及跟她解释清楚，只是感谢她这几天的辛勤劳动，然后就让她走了。后来，我把事情的来龙去脉告诉了陈××，她还是有些想不通，我想，对这样比较"狂妄"的人来说，必须要激一激她，我说："你写的东西我看了，虽说你不在乎名利地位，但你还是很在意的，不然怎么会这么垂头丧气呢。我们在现实生活中，不可能事事顺心、样样如意，没有哪一个人能够做到每一件事都必须成功。失败的原因也许是自己能力的问题，也许是别人的原因，但无论哪一种，都会暴露我们的某种不足。这时我们所要做的是接受，然后找对策。关于舞台旁白，我们暂且不论它合不合适你，就当作一次失败的教训，更何况这次本就是另有原因呢？它说明了，这不是你所擅长的，要敢于承认自己的不足，承认与别人的差距，从而更努力做好自己该做的。"

在我的开导下，她慢慢地承认了自己的不足，并且能够看得开了，不再纠结。周末我还特意到她家，进行了家访。看到了她家庭的困难，我更加了解了她刻苦努力的原因。从此，我特别关注她，不会样样表扬她了，更多的是给予她作为普通学生的"待遇"让她慢慢明白，她也有许多不足，周围还有许多比她优秀的学生，她也可以失败，而且可以有许多次失败。

生活中，我们最不能拿捏得起的东西就是情绪，坏的情绪就是我们心灵的毒瘤。老师所要做的最重要的事就是帮助学生排出心灵的毒素，维护孩子的心理健康，让他们快乐地成长。差生需要我们这样做，优生也同样需要，而且一点都不能少。

评析与拓展：

本则故事，选题非常特别，给我们阐明了一个比较值得推广的教育理念："生活中，我们最不能拿捏得起的东西就是情绪，坏的情绪就是我们心灵的毒瘤。老师所要做的最重要的事就是帮助学生排出心灵的毒素，维护孩子的心理健康，让他们快乐地成长。差生需要我们这样做，优生也同样需要，而且一点都不能少。"

基于以上的案例分析，笔者谈谈优等生的健康成长需要什么？

在现实中，很多教师，对优等生都是一股劲地表扬，一味地吹捧，优等生就是一颗完美无瑕的玉石，璀璨夺目，让人羡慕；有些教师也一直在利用他们的能力和威信，为班级和个别需要帮助的学生进行些无偿服务。但殊不知，其实他们一样需要我们更多的关注。下面试谈两点，仅以此抛砖引玉。

第一，需要平等以待。我们大多数教师对优等生其实就是一种偏袒，体育差一点，人为地加多点，艺术方面差一点，人为地拔高点，偶尔违反纪律，还睁只眼闭只眼。在不断的"特别照顾"下，这些优等生可谓生活得非常舒适，也慢慢形成只要语数英学科成绩好，一切都会是好的，从此就更加偏向所谓的"主科"。然而，这种心态维持一段时间后，就会形成习惯。不了解情况的教师在授课时，会公正平等地对待每一位学生，这些平时享受"特殊待遇"的优等生就会受到打击，甚至厌烦这一科目，或者把情绪迁怒到其他学科，甚至更加严重。这样的案例很多，究其缘由，都是我们教师的错，所以笔者提出：优等生需要我们每一位教师平等以待。

第二，需要特别关注。本则故事，给我们敲响了警钟：优等生，不缺表扬，缺的是挫折教育。由于成绩的优秀，或者说在优秀成绩的光环照耀下，优等生每天听到的都是正面语言，天天沉浸在甜言蜜语中。当他们遇到一些不顺心，或小挫折时，就一筹莫展，特别是来自失败的"屈辱"。就像本故事的作者陆老师所说：我们需要排除学生心中的毒瘤，差生需要，优等生更加需要。因为他们毕竟还是位学生，自己独立的思辨能力，自己独立的抗压能力还未成熟。所以，笔者更加提倡：对于优等生，在行为习惯上，需要我们更加特别的关注。

18 面对带病的"花朵"

李 霞

如果说犯了错误的学生是带病的花朵，那么父母和教师便成了精心"护理"和"治疗"的园丁。一些年龄较小的学生，有时会做些让你吃惊的错事。

随着一段音乐结束，我接通了一位家长的电话："喂，李老师，您好！我家孩子敏敏在学校被班里的一个叫妍妍的女孩子用剪刀架在脖子上威胁恐吓。"我心头顿时一惊，忙问："你知道为什么吗？""我的孩子是第六小组的组长，那个孩子没有按时完成作业，就拿剪刀威胁我的孩子不能告诉老师，她还经常用指甲掐我女儿的手臂，这孩子的行为实在是太恶劣了！"从话语中听得出，家长很生气。"敏敏妈妈，慢慢说，别急！现在您的孩子怎样了？谢谢你向我反映这件事，明天早上我会把事情了解清楚，并处理好的。要不，我约见双方家长见个面，好吗？"我安抚家长说。"老师，现在敏敏没有什么事，家长就不要见面了，您帮我处理就可以了。"放下电话，我的心久久不能平静下来，是呀，一个一年级的女孩子竟然会做出这样的事，真是让人吃惊。孩子从哪里学的呢？家长、电视、网络……我的脑海里浮现出一幅幅可能出现的画面。

第二天早上，我早早地来到教室，站在讲台上，仔细地观察着陆陆续续来到教室的孩子们，他们一张张稚嫩的脸是那么纯真，我相信他们本性善良，至于妍妍做了这种事也应该是事出有因的。

课后，我找妍妍来到办公室询问了这件事，她也毫不掩饰地向我坦白了自己的错误。原来当她不听话时，奶奶经常用这种方式对待她，因此她也这样对待身边的同学。我批评了她，找到家长交流，她也真诚地向敏敏道了歉，这件事总算告一段落。

可没想到的是，这学期妍妍又做了一件让我吃惊的事。她又把同桌曾曾的手臂掐得红一块紫一块的。家长气冲冲地来学校找到了我，要求见妍妍的家长。当然我也明白，作为父母谁不疼爱自己的孩子，换作是我也会很生气。我把双方家长约见在办公室里，曾曾的妈妈显得很激动，而妍妍的妈妈却一副愧疚的表情一直低着头。当我说起妍妍在校的恶行时，她还哭了起来，并说了妍妍在家里的情况："我不是不管孩子，平时我在家只要她做错事也没少管教，从小妍妍是爷爷奶奶带大的，我和妍妍的爸爸都在外地打工，老人特别溺爱孙女，只要孩子发一下脾气、耍一下赖，就什么要求都答应了。久而久之，小孩子就养成了这种霸道、蛮横的性格，现在家里没有一个人能教育她。"我教育了妍妍后，单独和妍妍妈妈交流了如何教育孩子。

下午，针对班里发生的事情，我给全班上了一节“共建和谐班级”的班会，让孩子们都学会如何爱自己和不伤害别人。

面对这样的孩子，父母是生她养她的人，是她的法定监护人，对孩子教育应负主要责任。而老师面对这样的孩子则需要耐心和爱，因为爱是一种信任，爱是一种尊重，爱是一种鞭策，爱更是一种能触及灵魂的教育。愿这些带病的“花朵”能在明天绽放笑脸。

评析与拓展：

本则故事，通过两个教育小片段，向我们讲述了李老师是如何处理带病的“花朵”的，并阐明一个教育观点：作为孩子的监护人，我们对孩子的教育应负主要责任。是的，千万条理由都是站不住脚的，因为当孩子变成一朵带病的“花”时，您才知道我们已错失了最好的教育和陪伴孩子的时间。

基于以上的案例分析，笔者分享监护人对孩子陪伴重要性的几点认识。

第一，自信的孩子是陪伴出来的。自信是成功的一半。这强调的是自信在一个人成功路上的重要性。那孩子的自信从哪里来？其实就是从父母平时的陪伴中来。有了父母的陪伴，小孩一有进步就加以鼓励和表扬，“我的宝贝真棒！”“我的宝贝最聪明！”这些虽然说有点夸大，但小孩却听进去了，并把它当真啦，所以自信就这样形成了。那他在离开父母的场合，也不会畏手畏脚，反而会非常自信地表现自己，展示自己，这不正是父母所期望的吗？所以说小孩的自信是陪伴出来的。

第二，健康的孩子是陪伴出来的。小孩，毕竟就是小孩，好奇心强，懵懵懂懂，甚至说什么都不懂，正所谓“人之初，性本善”。而对立面却是：“人之初，性本恶。”其实他们讲的都没错。当您从结果来说的时候，把成功人士，德艺双馨的社会人士做标本的话，“性本善”是非常有根据的。但如果以社会的违法分子来说，那“性本恶”也是有一定道理的。以此来论述，善或恶，就是两面性的，是需要引导的，引导得好，就是“善”，否则，就是“恶”。所以，作为监护人，我们需要陪伴，以保障我们的孩子向“善”发展，不然，哪天发现孩子出毛病了，才后悔莫及。

第三，成功的孩子是陪伴出来的。不管是谁，不管什么时代，成功绝非易事，“不经一番寒彻骨，怎得梅花扑鼻香”这些“彻骨寒”的岁月里，需要监护人陪孩子度过，也是监护人在“望子成龙，望女成凤”的目标下才会有这么坚韧的毅力，所以，成功的孩子就是家长陪伴出来的。

以上认识，可能不具有绝对性，但却具有一定的参考性。笔者认为，孩子，就像一棵幼苗，虽然我们还不知未来孩子能长成什么样子，但目前我们能做的，就是尽心培育好、呵护好他们，最起码确保它不能成为一棵“病树”。

19　家校合作的甜头

陈超丹

　　"星谷妈妈，学校要举行元旦文艺汇演。您有什么好建议啊？"无意中，我和既是家长又是朋友的符刘星谷妈妈在微信中聊到了这一话题。没想到她很快就回复了："老师，我们可以演话剧啊！""话剧？我们还剩下不到一个月的时间哦。会不会太仓促了？会不会难度太大啊？"我提出了自己的担忧。"不会的，话剧有新意，不像一般的唱歌跳舞，而且低年级小孩的话剧很简单的。"她轻松地答道。我想了想，就马上拍板了："好吧！不过时间很紧了，我们还要准备服装、舞台布置、台词、动作和音乐等等。事情可多啦！我看能否多发动一些家长，团结众人的力量，搞好这次演出！"星谷妈妈一看我采纳了她的建议，可高兴了，还美美地给我点了一个赞！

　　定好了剧目《小兔乖乖》后，我们就开始紧锣密鼓地进行筹备工作。我充分调动了七个家长去准备这项工作：黄杰妈妈和符庭彰妈妈普通话标准，说话幽默，成了组织孩子们背台词的最佳人选；背景音乐经电脑高手滕老师一处理，周末孩子们就能跟着音乐去演练了；符刘星谷妈妈在网上买好孩子们的头饰和服装；舞台布置则由罗黄菲妈妈和詹铭钊妈妈负责找广告公司制作；蔡馥键妈妈平时很注重仪表，所以她负责给孩子们化妆；孙晓彤妈妈擅长煮饭和缝纫，周末排练时，她总是默默地准备好美味的饭菜慰劳我们，还为大灰狼一号和二号缝制了尾巴和手套，那手艺，可是杠杠的哦！大家各司其职，一切都有条不紊地进行着。

　　围绕着一个中心——排练话剧，七个天真活泼的孩子，七个性格各异、各有所长的妈妈，还有一个身为班主任的我，在不到一个月的时间里，出现了一些矛盾也闹出了不少笑话：如黄杰在排练时表情和动作太生硬，纠正了多次都无效。黄杰妈妈火上心头，"狮吼功"一发，帅气的黄杰直掉眼泪。我们"救火队"赶紧"灭火"，安抚他们："孩子们第一次表演，经验少，表情和动作生硬是正常的。"还有一次，几个妈妈看着时间越来越紧迫，可孩子们在台上越演越没劲儿，各个妈妈都成了热锅上的蚂蚁！蔡馥键妈妈还脱口而出："要不这帮小的都下来，我们几个上去演算了！免得皇帝不急太监急！"哈哈！你说好笑不好笑？

　　终于到了表演的那天，不仅是孩子和家长紧张，我也既期待又紧张。音乐响起了，先是小兔一家五口：兔爸爸、兔妈妈和三只小白兔穿着雪白雪白的衣服出现在舞台上，那一刻，可真是令人眼前一亮啊！接着大灰狼一号和二号也出现了，他们夸张的动作、滑稽的表情令观众们哄堂大笑。虽然《小兔乖乖》的故事大家都熟知于心，但是这几个孩子把它们演活了，赢得了观众们的阵阵掌声。

《小兔乖乖》的表演在掌声里结束了，但我与这班孩子、家长的距离却越走越近，感情越来越深，而我的班主任工作之路也越走越顺！这次小排练，让我这个班主任深深尝到了合作的甜头——班主任工作要做得既轻松又成功，离不开家长对我们工作的认可与大力支持！

这甜头让人回味无穷！

评析与拓展：

本则故事，陈老师讲述了在一次节目排练的过程中，老师、家长、学生们的亲密合作的趣事，最终向大家阐述一个家校合作的心得：班主任工作要做得既轻松又成功，离不开家长对我们工作的认可与大力支持！

基于以上案例分析，笔者谈谈家校有效合作对学校工作产生的几点影响。

第一，家校有效合作，可以增进彼此的相互理解。家庭和学校，是学生在接受教育期间的两个重要场所，是学生健康成长的两所驿站。有时，家长和学校之间交流甚少，或者说不能深入了解，导致家校之间产生很多误会，很大分歧，甚至走上法庭，这就给教育工作增加了麻烦，给孩子们留下永远难以抹去的阴影。而在平时的工作中，能搭建平台，创造机会，让家长走进学校，为学校的发展出谋献策，全程参加学生具体的活动，感受校园生活，了解组织者的良苦用心，增进对学校工作的了解。与此同时，我们对家长的期待也得到有效收获，你来我往之中，彼此之间建立较为高效的合作关系的话，自然就会相互理解，相互帮助，让彼此的关系更紧密，目标更统一。

第二，家校有效合作，可以丰富我们的教育资源。以前教师是传授知识技能的唯一载体，而现如今已变得更加丰富，更加多元化。如可以选择某一特定主题，进行网络远程学习；可以搭建平台让学生分享学习心得、学习技巧、社会实践感悟等；现阶段最为盛行的还有建立每周家长讲堂机制，即邀请来自不同行业的杰出家长代表，在学校规定时间里，到学校面对学生进行工作情况的分享，或邀请有独特技能的家长进行地方特色文化(或技能)的传授和体验，等等。这些措施有效丰富了我们的教育资源，我们的学生不用走出校门，就能接受到社会的丰富文化教育，可谓是一箭多雕啊！

第三，家校有效合作，可以提升学校的社会效应。古人云："得道者多助，失道者寡助。"得到家长、上级部门、社会的帮助和认可，我们的学校工作自然就一帆风顺。如果增强家校之间的合作，熟悉、了解、支持我们的家长，就会把我们的正面消息毫不保留地宣传出去，为学校的发展营造比较好的社会氛围。这个时候，我们学校一些发展策略、管理方案，将会得到意想不到的支持，有了天时、地利、人和的保障，自然就会事半功倍，成效明显。

学校，是孩子的第二个家，是孩子们成长的摇篮。学校好，教师就好，教师好，学生也会优秀，这是一种连锁反应，蝴蝶效应。笔者极力提倡我们每所学校，必须竭尽全力开发好家长资源，与时俱进，最大限度地为学校建设增添活力。

20　勿忘初心

邓冬梅

作文课上，我让学生谈谈自己的梦想，学生反过来问我："老师，当老师是你小时候的梦想吗？"

我一时语塞，是抑或不是？

学生们却炸开了锅，"老师，你为什么要当老师？"

是啊，我为什么要当老师呢？成为一名人民教师是什么时候开始有的念头？我的思绪一下子回到了学生时代。那时我读二年级，因为出水痘请了一星期的假在家。那天我百无聊赖地躺在床上，突然传来了敲门声，我打开门一看，是我的班主任滕老师！我完全没想到老师会来家访。我清楚地记得滕老师说："你病好了吗，老师来看看你。"

之后老师还说了什么我已记不得，我只记得妈妈说了一句："这老师真好，学生病了还来看望，这真是一位好老师！"也许就是从那时起，老师在我的心中有了神圣的地位，也许就是从那时起，我立志长大也要当一位像滕老师那样的人民教师。

后来，我如愿以偿，成为一名小学语文教师。在最初的几年我确实认为教师是太阳底下最光辉的职业，兢兢业业地在三尺讲台上奋斗。可是，在这物欲横流的社会，只有真正当了教师才知道这一职业的辛酸。那为教育事业奋斗终生的激情被现实一点点地慢慢磨灭，教学工作成了应付了事，家访更觉得是学校强压给班主任的一项烦人的工作。

这天，我极不情愿地告知几个学生，将到他们家家访。例行公事般访问了几家后，我来到了我们班一位默默无闻的女同学家里，心想这位学生在校安安静静也从未出过什么乱子，只需与其家长说几句即可完成任务了。当我正准备敲门时，门开了，学生的妈妈非常热情地请我进去。我刚坐下，学生的妈妈就朝里喊："××，快出来吧，你班主任来了。"然后她告诉我，听说我要来，孩子把家里打扫了一遍又一遍。因为水痘刚好，怕传染给我，孩子让妈妈在椅子上铺了刚买的垫子，还买了新的杯子，孩子还对她说，邓老师是好老师，千万不能把病传染给老师。

从学生家里出来，我想起了小时候我出水痘，滕老师主动来探望我，而当我成为一名教师时，我来家访只是为了完成任务，并非出自对学生真正的关心。

我真是有愧于"教师"这个称号了，我怎么忘了当初选择当教师的那颗心了？

勿忘初心，方得始终。

升职、评级、加薪那点事，该来会来，不来也罢，可记得民国那些先生们，要么潜心治学，要么游历四海，那才是师者的风骨啊！

不做教育的池鱼井蛙，从今天起，做一个纯粹的老师，认真上好每堂课，善意对待每个孩子。

从今天起，一边教书一边美，滋养自己就是润泽孩子，无论多高的书山，多广的卷海，也不要让自己失去光彩。

从今天起，不做教师机器，试着把课文读出诗意之美，接纳孩子们的"大闹天宫"，看他们玩耍和发呆也是一种风景，与孩子们一起成长，为幸福读点书。

勿忘初心，做一名幸福的人民教师。

评析与拓展：

本则故事，围绕家访这一活动，讲述了邓老师的亲身经历，流露出自己的真情实感，还大胆表达了自己的愿望和目标。是的，每个职业的辛酸与快乐，也只有正在经历的人方能感触。而既然选择了这一职业，就应该不忘初心。

基于以上的案例分析，笔者谈谈自己心中教师的图像。

第一，爱学生之情怀。夏丏尊说："教育不能没有感情。没有爱的教育，就如池塘里没有水一样，不能称其为池塘。所以说，没有情感，没有爱，也就没有教育。"学生是我们每位教育工作者面对的对象，是我们教育的资源，也是检验我们教育成效的唯一活体因素。如此说来，只有爱学生，才能把工作做好，只有工作做好了，学生才会反过来爱我们，这是相辅相成又相互促进的统一体。

第二，爱教育之理想。"干一行、爱一行、钻一行、精一行，在平凡工作岗位上做一颗永不生锈的螺丝钉的'钉子'精神。"这虽然是对学习雷锋精神实质描述中的一句话，但用在我们的工作中也非常贴切。"心若无处安放，到哪里都是流浪。"既然大家都选择了教师这一职业，就应该热爱这一职业的理想，并下定决心耕耘好，争取开出累累的硕果，恩泽我们的孩子们。

第三，爱学习之习惯。"书是人类进步的阶梯，终生的伴侣，最诚挚的朋友。"这是高尔基关于读书的观点，充分强调了书籍在人类进步历程中的作用，对每个人成长过程中的影响，这让我又想起两句话："一本书可以为你打开一扇窗。选择一位朋友，就是选择一种生活方式。"是的，作为教师，选择书本作为朋友，作为伴侣，那就是选择经常读书的生活方式。当然，读书不是唯一的学习方式，你还可以向朋友学习，向长辈学习，向先进学习，向社会实践学习，向生活学习，向经验学习等。当大家养成爱学习的习惯后，对待身边的事物，会把每一次挫折当成一次学习成长的机会，没有怨言，没有愤怒，更多的是睿智镇定的神态。

第四，爱交流之行为。美国著名作家海明威曾说："每一个人都需要有人和他开诚布公地谈心。一个人尽管可以十分英勇，但他也可能十分孤独。"就连十分英勇的战士、将军都是这样，何况我们正在成长的学生们呢？我们的孩子，在这一阶段，非常喜欢找个推心置腹的谈心对象，如果是教师，那效果是最佳的。因为人生的第二任引导者，最重要的指引人，就是教师。所以，我们作为老师，如果能放下身子，通过日常的交流，不断走进孩子们的心田，做孩子们的知心朋友，相信比什么都强。

第五，爱改革之心态。积极的人在每一次忧患中都看到一个机会，而消极的人则在每一次机会中都看到某种忧患。社会在日新月异地改变，学生们更是会随着社会环境的改变而不断发生改变，如果我们作为教师不能与时俱进，甚至超前，怎么可能和学生打成一片，怎么可能让学生信服呢？爱改变才能使自己变成一棵常青树，才能永远走在时代潮流的前头，才能引领我们的孩子走向美好的未来。

让我们谨记以上的角色定位，不忘初心，砥砺前行，做一名学生喜爱的教师，做一名对学生成长有用的教师，为我们国家的教育事业贡献微薄之力。

21　以史为鉴　树立三观

耿艺文

曾经作为一个历史人，我听到的最多的疑问是："历史有什么用？"后来成为一位历史老师，因为历史作为一门必考学科，它又具有得分项的作用，所以很少再听到这个问题，但是这个问题并未从我心中消失。

历史故事从来都是人们茶余饭后的谈资之一，那么除了作为谈资以外，我的学生还能从历史里得到什么？历史不能像数学一样帮人们日常买菜算价钱，也不能像物理一样告诉学生平时怎么换保险丝，火箭升空靠的是什么力量。那历史到底可以告诉学生什么？这是我一直在思考的问题。

经过一年教学，我感觉到我的学生的活跃程度远远超乎我的想象，而这也许是个优点，他们的好奇心能促使他们做成任何事情。他们喜欢故事，喜欢图画，喜欢聊天，喜欢动手，既然如此，为何不给他们一个任务，让他们把课本里的历史带到课外来呢？所以，上一个寒假，我布置了一些兴趣作业。作业有四项，任选其一：一是了解你喜欢的历史人物，比如生平、事迹、贡献等，把自己喜欢所选人物的原因写清楚；二是在课本中挑选一个你喜欢的历史物品或人物，做成手工作品；三是看一部历史题材的影视作品或书，并写一篇心得体会，体裁不限；四是了解你的祖辈或父辈的经历，写出你的感想。

本以为孩子们交上来的作品会是和课本内容差不多的，但结果却令我惊喜万分。每个班都有同学去了解祖辈父辈的经历，有大部分同学写了自己喜欢的人物，写了观后感、读后感，还有些同学做了精美的手工作品。

小 A 写了祖辈父辈的经历。爷爷这辈人一辈子种田，辛勤劳动，生活水平不高，需要节衣缩食。父辈生活水平已经提高很多了，大学生也多了，但是当时村子里的地方官很霸道，像地主一样，后来中央命令严查腐败现象，贪官被撤职了，新上任的官员对村民很好，生活好过多了。

这个学生使我对学生的认知能力有了更深的认识，虽然只学习了一个学期历史知识，但是他能明白家人所说的地方官和地主的区别，知道中央实行的政策，了解这之间的逻辑关系。可见他们的学习能力和联想能力是很好的。于是我进一步启发小 A 去了解，爷爷辈为什么生活水平不高，为什么父亲辈生活好了，大学生也多了，地方官的事情和当时哪个大事件相关，引导他把亲人的经历放到中国的大历史里去思考。最后他反馈回来的感悟是中国的改革开放政策好，有领导在考虑老百姓的事情。我非常惊喜，八年级还没学习的知识，对于他而言，理解起来难度不小喔，竟然还自主学啦！而且小 A 也在这次作业中，得到了历史给予他的馈赠：国家统治要想长治久安，必须考虑百姓的利益。我想，这一点心得可以指导他将来一辈子，无论在哪里，他都能从这个角度去理解我们的国家，理解他的工作和生活。

还有一份作业让我印象深刻：小 B 写了秦始皇，他在文中用了辩证唯物主义观点，说了秦始皇的好，也说到他的暴政。这个观点到了高中才会涉及，初中阶段基本不提。能用"一分为二"的观点看问题，这个学生知识面的广泛程度使我惊讶。这个思想不仅在历史学科很必要，在我们生活中同样重要。每个事物都有多面性，只有全面地考虑问题，才能正确地评判一件事情或一个人。反之，要得到好的评价，那么就要审视此时的客观条件，判断怎么做才是对大家好的。

通过这次作业，我发现我的学生或多或少都能学到一些正确的世界观、人生观和价值观，而这也正是我布置这项作业的目的所在。我们以史为鉴，历史离我们其实只有咫尺之遥。历史学科作为一个直接作用于人的三观的学科，其作用不可忽视。作为历史老师，我必须一直思考学生能在自己的课堂上形成什么观念这个问题。

评析与拓展：

本则故事，非常具有学科特性。耿老师通过布置一项富有历史学科特色的社会实践活动研究性作业，以此来实现自己的三观教育目标，且收到意想不到的效果。这一布置作业的方法，值得我们借鉴。这一主题化、学科化的研究形式，在我们平时教育教学活动中值得大胆推广，特别是在校园文化建设上，更是值得极力推行。因为这样的主题化、学科化，效果立竿见影，影响深远，并且学生的兴趣会在活动中得到大幅度的提升。

基于以上的案例分析，笔者在这里分享一篇北京跟岗学习时撰写的关于主题特色化校园文化建设方面的学习日志。

标题：主题特色化方具可持续性

2018 年 11 月 13 日，是我在北京市定安里小学跟岗的第二天，主要工作是安排两节课以及进行校园特色文化建设的交流与汇报。在这个过程中，我感悟最深的就是只有主题特色化的校园建设，方能保证学校发展可持续性，方能彰显亮点。现就这两天的跟岗，针对这一话题谈谈体会和思考。

(1) 主题特色化的建设不能操之过急。一所学校的文化建设，是一所学校办学的宗旨体现，是内涵发展的显性因素，是在不断地实践、建设、提炼中形成的系统化、立体化的工程。这所学校利用 9 年时间才完成礼仪文化的建设，并且成果非常明显。在经验交流会上，校长强调：校园文化建设，不能争朝夕，要放眼未来，千万别搞一年两年的突击。这样的建设会很肤浅，没有底蕴，自然就不会持久，更不会经得起岁月的洗礼和推敲。这样的话，会慢慢退化，到最后无影无踪，辛苦两年的特色工作将会付诸东流，一无所获。所以我们需要有长远的规划，一步一个脚印，争取落地生根。

(2) 主题特色化的建设需要立足课堂。校园的特色是显性因素，而课程的建设，德育活动的设计，教师队伍、家长队伍、学生群体的教育，就是内涵工作，也是主题特色化建设走向深入的保证力量。好多学校的特色建设就是应付检查，昙花一现，没有留下任何有价值的内容，也没有留下值得在课堂中渗透与延伸的一面，失去可挖掘的因素与必要，这样的特色建设真的是不可取的。我认为，这就是劳民伤财，徒劳无功。怎样做到可持续性呢？那就必须努力做到立足课堂，将特色建设分层次、分季节、分年份进行规划与落实，在有计划、有目标的基础上，逐步形成较为鲜明的、系统的、高效的文化氛围，充分利用家长资源、社会动态有利因素，不断拓宽加深，为主题特色化建设添砖加瓦，形成教师与学生、学生与家长、家长与学校、学校与社会四位一体的建设局面。

(3) 主题特色化的建设需要课题化。我们做任何工作，必须努力争取成果化，并将成果扩大化，不然就没有内驱动力，没有内驱动力，自然就会失去高度和深度，只能浮在表面。但如果把主题特色化工作课题化，除了有内驱动力外，也会得到相应专家学者和上级领导的高度重视与引导，一举多得，何乐而不为呢？课题化的主题特色化建设，容易集结人心，方向统一，出力集中，成果显著，在实践和建设中不断拔高实践与理论相结合的高度，最难能可贵的是在实践与建设中不断形成主题化的思想与行为。这样的建设，产生的影响就会截然不同！

有句话说得好：行动就是成功的一半。希望大家赶快行动起来，找准建设突破口，制订可操作性的实施计划，切实付诸行动，实现自己的建设梦想，为我们的学生搭建一个更好的成长平台。

22　给最爱科代表的一封信

洪建龙

亲爱的小漫：

时不我待，转瞬即逝！

当你看到这封信时，可能是芒果成熟之时，可能是你战胜高考之际，可能你会感动得“泪流满面”——“新帮主”老洪，竟然给我写信？

先来说说，我的绰号“老洪”的由来，记得刚来我们学校的第一天，我就有了一个新的绰号“小洪”，老校长取得。这名字，年轻、好听，我喜欢！记得2014年，第一次与“老帮主”蔡大师搭班，师兄师姐喜欢称“老帮主”为“老蔡”，顺其自然，我也随之被称为“老洪”。一开始，挺反感的，我有那么老吗？后来就习惯了，觉得挺亲切的，也就慢慢地接受了它。

回想带你这届的三年，历程有点与众不同，先是当数学老师，后转为班主任的角色。七年级那一回，是老帮主“老蔡”管班。他管班的理念是：自由、民主、平等。你们过得十分快活，无忧无虑！八年级，由“新帮主”我接手，哈哈！我的江湖，我做主。我使出我的杀手锏——“严抓”。先是抓迟到，后是抓早退。开学近一个月，班风学风大为好转，我越来越喜欢这个班级和这些孩子们，原来看着“不顺眼”的个别学生通过那段时间的鼓励和教育，也越来越受到大家的欢迎，大家也慢慢接受我的教育方式。让我记忆犹新：第一节班会课的内容是从洗脑开始——“变态”。意思是：“改变态度。”当时大家还信誓旦旦地写下了豪言壮语。

自从我当上班主任后，你的课间就多了一份“差事”——被我叫到办公室。甚至有时候我自己都不知道叫你要干些啥。所以每当我懵逼地望着你时，你心里应该在想：我咋认识了你这么一个傻人。但“傻”人有傻福。著名的教育家魏书生曾说过：“学生能做的事，老师不做。”要充分发挥学生的积极能动性。老师不懒，怎么体现你们的勤奋呢？你是我的数学科代表，我平时不找你？我找谁？无意中，你就成了我们班的“军师”——什么事都得找你商量，让你出谋献策。你在班里的地位，甚至比班长都高，连班长都“敬”你三分，很多规矩、条令都是你颁布的。时不时想些法子奖励同学们，比如“A+，C 号本”的作业。因为你的付出，同学们有了收获，虽然当时不愿意写，但是成绩得到了提高，大家还是挺感激你的！

之前你的学习成绩也一直很稳定，让我颇感欣慰。但月考之后，感觉你有点"飘"，成绩有点波动，情绪也上下浮动。我都替你着急，或许你近来学习压力有点大，有点过于放松。希望你学会调整，在冲刺阶段，心态很重要，笑到最后，才是最终的胜利。高手与高手对决，狭路相逢勇者胜。希望你越到关键时刻，能越战越勇，调整好心态，重新上路。

我心里也在默默地倒计时，计算着解放的日子。想起你在班里给大家上数学课时，大家认真听你讲解题目的样子，想起他们因为你的一句笑话开怀大笑的样子，我的心里开始有点舍不得了。带了三年，我与大家经历了太多的日子，也收获了很多成绩以外的幸福，每一个孩子在我的心里都留下了深深的一笔。

人生有几十个三年，初中三年却是年少时期最重要的三年。我是你成长路上的一位见证者、陪伴者。但我只能陪你走过这一段，哭过、笑过、闹过，最后成为陌路，我们的生活轨迹就如正弦函数图像。感谢你的出现，让我这三年有难忘的记忆，让我这三年教学生涯变得丰富多彩。望下次相聚，我们都能成为更好的自己。最后说一句："好久不见！"

祝你

身体健康，学业有成！

你的老师兼好友：老洪

2019 年 3 月 15 日

评析与拓展：

本则故事，就是洪老师的一篇书信回忆录，选择的体裁非常特别。故事回忆了和学生小漫在一届三年的时间里发生的一切，最后深情道出："哭过、笑过、闹过，最后成为陌路，我们的生活轨迹就如正弦函数图像。"从这里可以看出，我们的洪老师，在这三年里，为学生付出的心血，不是用中考成绩就能衡量的，只有彼此的心灵才能知会。真诚地向为教育事业付出真情的园丁们道一声："你们辛苦啦！"

基于以上的案例分析，笔者谈谈对教师教育情怀的认识。

第一，没有教育情怀的教师，缺乏工作主动性。有"教育情怀"的教师，平时的工作富有主动性。对一项工作产生了兴趣，他就会去热爱它，产生了爱意，自然就会主动作为。这是一个人的感情线，也是一个人行动的初衷。一切工作，没有主动性，也就只能是应付完成，没有创新性、开拓性，更加缺乏持久性。

第二，没有教育情怀的教师，缺乏教育真情性。一名教师，如果倾注教育，它就会付出真情，付出真情的教育是最容易感化人的。人世间，最富真情的关系就是父母，其次，就是师生情。我们经常把教师比喻为蜡烛，赞扬的就是教师母爱般的无私；把教师比喻为园丁，赞扬的就是教师工匠型的大作为；把教师形容为人类灵魂的工程师，是在理解和描述教师的工作，就是一个灵魂触动另一个灵魂的工作。正如德国哲学家雅斯贝尔斯所说："教育的本质意味着一棵树动摇另一棵树，一朵云推动另一朵云，一个灵魂唤醒另一个灵魂。"

第三，没有教育情怀的教师，缺乏教育研究性。立身以立学为先，所谓的"学"，放在当今的社会，特别是放在老师的身上，就不仅仅是学习这么简单，而是泛指对教育教学工作的研究，且是不间断的研究。现如今，特别需要培养出大量的科研型教师，以应付日新月异的新时代，以服务国家信息化的发展。其实，这也是避免职业倦怠，永葆工作激情的有效策略。正如苏联教育家苏霍姆林斯基所说："如果你想让教师的劳动能够给教师带来乐趣，使天天上课不至于变成一种单调乏味的义务，那你就应当引导每一位教师走上从事研究这条幸福的道路上来。"

第四，没有教育情怀的教师，缺乏教育奉献性。如果教师没有教育情怀，自然就会钻牛角尖，天天活在自己的世界里，怨言满天飞，今天说我付出了多少，明天说我学生成绩提升了多少，而学校却没给予等量的奖励。有此类现象的教师，其实就是缺乏奉献性。我们要知晓，社会各阶层的发展，制度永远滞后于具体的工作实践，如出现不足，可以提出解决的方案，但别伤了和气，失了素质，否则到了最后，其实受到伤害最大的就是自己。

"教育情怀"这一词，虽然很泛，目前还没有专门的释义，但我们可以分词来理解。其中"情怀"在《辞海》中的解释是"心境、胸怀，"组合起来，"教育情怀"，我们就可以暂且理解为教育的心境与胸怀。这样的心境和胸怀，其实我们都能心领神会，都在不断地积累和锤炼。愿普天下的教师们，都拥有一个让社会认可的教育情怀！

23　爱是教育的源泉

陈琰清

记得有人说过这样的一句话："老师不经意的一句话，可能会创造一个奇迹；老师不经意的一个眼神，也许会扼杀一个人才。"虽然教师是平凡的，但教育是伟大的，特别是真正需要爱和渴望教育的那些特殊学生。

有一天的早读课，我一进教室就有同学给我打小报告。"老师，我们的书包都被人翻过了。""我的笔不见了。""我的作文书不见了。""嗡"的一声，我的头猛得涨起来。我知道，最棘手、最头疼的事又一次出现了，类似的情况已经是第二次出现了。趁着同学们读书的时候，我把班上几个来得较早的同学悄悄叫到教室外面。他们告诉我："最近李勇同学上体育课时常常独自待在教室……"听到这儿，我不由得想起上个学期李勇将同学的笔偷偷拿走的事。当时，我在办公室里对他进行了严厉的批评教育，他也做了深刻的检讨，难道现在他又……回到教室，我的眼神不由自主地射向李勇，看到他那躲闪的目光，我更加坚定了自己的判断。一系列的问题在我头脑中闪现：他为什么还要拿别人的东西？究竟是出于一种什么样的心态呢？唉！这样下去这个孩子可真的要毁了。

下课回到办公室，我也在反思：李勇是一个学习成绩不大好的孩子，我知道他经常受到同学的嘲笑，因此他的心理是自卑的。由此想到：一个总是低着头、弯着腰走路的孩子，他的骨骼必然会变得弯曲。同样，一个自卑的孩子，在人前人后抬不起头来，他的心灵也必然会出现不同程度的扭曲。孩子，是需要昂起头来走路，昂起头来做人的，这个更加重要！

于是，我决定和孩子的家长再见一面。看到家长焦急的眼神、无奈的身形，我想起一位老教师曾经讲过的一段话："关爱像雨露，可以润泽学生干涸的心田；信任似春风，可以吹开学生禁锢的心扉。"经过反复考虑，我意识到：要想妥善解决这件事，必须对他施以关爱和信任。经过一番调查，取得了一定证据之后，第二天课外活动时间，我趁着其他老师不在，把李勇叫到了办公室，就前一天发生的事与他进行了交流。刚开始他表现得还很顽固，无论怎么问，就是不承认，见他这样，我的心都快凉了，想：算了吧，或许他真的是"朽木"，但又觉得如果我就此放弃了这个孩子，那不就是把他推到了悬崖边吗？于是，我放下了高高在上"教育者"的架子去亲近他，以关爱之心来触动他的心弦，用情去感化他，用理去说服他，从而促使他主动认识并改正错误。最后他终于对我道出了实情，承认了错误。看到他难为情的样子，我小声问道："你打算把同学们的东西暂时保管在家里，还是交给我处理呢？"他说："交给老师处理吧！"为了能够化解他与同学们心灵上的隔阂，我召开了一次特别班会，主题是"请大家相信：我能行！"李勇在班会上发了言，勇敢地承认了自己的错误，并退还了大家的东西。我带头向李勇表示了祝贺，其他同学也纷纷向他表达了各自的祝福。班会结束前，我对大家说："同学们，在生活中每个人都会有犯错的时候，但是只要能主动承认错误，并且下决心改正它，这本身就是一种进步。让我们为李勇同学的进步表示最热烈的祝贺！"同学们纷纷鼓起了掌，我看到了李勇的目光，那是一种自信的目光，那是一种勇于改正的目光。

孩子的心灵如水晶般纯洁而美丽，也是脆弱而易碎的。训斥只会压抑孩子，只有欣赏，激励，才能挖掘其潜能！

没有爱就没有教育，"爱"要以理解、尊重、信任为基础。平等、民主、理解、尊重、信任会使我们更容易走进学生的心里，更好地帮助他们进步，让每一个孩子在爱的抚慰下快乐成长吧！

评析与拓展：

本则故事，生动地讲述了陈老师教育处理一名有盗窃行为学生的经过，并阐述了她的教育理念："没有爱就没有教育，'爱'要以理解、尊重、信任为基础。平等、民主、理解、尊重、信任会使我们更容易走进学生的心里，更好地帮助他们进步，让每一个孩子在爱的抚慰下快乐成长吧！"

爱的教育，在教师工作中，可以说是耳熟能详，但究竟是怎样的爱才会发生效用呢？下面试谈笔者的几点认识。

第一，爱到点子上，就能产生事半功倍的教育效用。对于给学生的爱，相信每一位教师都付出过，但却没收到理想的效果，有时还会适得其反。平时经常听到一些老师埋怨，对学生付出这么多心血，给予这么多时间，奉献这么多，却没有达到预期的目的，很懊恼，很沮丧。其实，只要您仔细想一想，就会明白我们的爱没在点子上。什么意思？我们平时的爱过于泛滥，遵循的是教条主义，不管是谁，在什么时间，老师都认为，只要我们付出"爱"，就能获得成功，久而久之，学生就会觉得，这位老师很善良，很和气。这对于品学兼优的学生来说，一点问题都没有，但对于叛逆期，或者说不是很自律的孩子来说，就刚好适得其反，反而是助长了不良行为习惯的延续，这样的话，起到的是反作用。而作为老师，古人给我们的定位是"传道授业解惑"，其中"传道"是首要任务，"道"其实就是品德、道德，这说明除了老师的言传身教外，更多的是引导、指正，甚至是严厉的批评，让学生深刻领悟到自己的错误所在，不然，教育效果无从谈起。所以，我们的爱，不能是泛"爱"，而是用在呵护弱小的心灵健康成长上，洒在寻求进步的时代少年身上，注入远离正常生活轨道的学困生血脉里，扶着他们在成长路上正向前行。

第二，爱到心底里，就能产生意想不到的感化效用。我们经常说："世界上最难做的事，就是把一个人的思想装进另一个人的脑袋里。"是的，作为集思想教育和知识技能传授为一体的教师们，肩负的责任非常大，也非常难，甚至目标遥遥无期，但作为"人类灵魂的工程师"，我们需要有这样的韧劲。对学生付出的爱是从心底里孕育而生的，没有做作，没有污垢，我们以万般纯洁的姿态，将爱献给我们的学生，也许就会产生意想不到的感化效用。这一点，不难理解，比如在平时管理班级事务中，你的无私，你的奉献，学生会看在眼里、记在心里，当你和他聊起工作，聊到他们存在的问题时，他们自然就会诚然接受，这就是你从心底付出的爱，产生的感化作用。又比如你在平时作业批改方面，为了孩子们的学习进步，及时批改审阅反馈，甚至上午的测试，下午就能及时批改评讲，学生在这种高效率的关爱下，自然对你是无比信服的，你的爱自然就能感化他们。再比如，学生出现的不良行为习惯，你看在眼里记在心上，为了长远教育，你多次走进他的家中，经常和家长商量对策，反馈行为变化情况，在这种实实在在的"爱"的浇灌下，学生能不尊重您吗？能不被感化吗？

我们的爱，要合理(科学化)，合时(时机性)，合情(学生情)，才会达到预期的目的。

24　语文教师变身"跨界歌手"

葛增胜

自从 2001 年大学毕业后，我一直担任中学语文教学工作，至今已经 18 年，算是一名资深的语文老师了。多年来，我一直在思考着一个问题：怎么才能让自己的语文课上得更加精彩，更加吸引学生的注意力，让自己的语文教学效率事半功倍呢？

为此，我在努力求索着……

2019 年本校元旦汇演，我有幸被挑选去参加其中一个唱歌节目，需要和全校的音乐老师一起进行"歌曲大串烧"。与一批才华横溢的音乐老师同台竞技，对我这个语文老师而言，显然是个巨大的挑战！接受任务后，我的心情一直忐忑不安：因为，毕竟自己不是音乐专业的啊！音乐老师知道后，纷纷鼓励我说："老葛，别怕，我们音乐老师在前面冲锋陷阵，你跟在后面走过场就行啦！"话虽如此，但是作为一名语文老师去参加这类的"跨界歌手"汇演，我心里的确没底啊！

那时已经临近期末，大家工作繁忙，我们几个老师只是急匆匆地集中排练了两次，相互之间的默契感还没有训练出来。

元旦汇演开始了，我站在舞台边，心在"扑通扑通"地跳着。而在我的身边，音乐老师一个接着一个出场。看吧，这群帅哥美女们带着自信的笑容，迈着轻盈的步伐，落落大方地站在舞台中央，从他们的嘴里，传出悦耳动听的歌声，赢得了台下观众阵阵的喝彩声！

终于轮到自己出场了。但是，我的脚上却似乎穿着一双千斤重的铁鞋，虽是咫尺之间的舞台，对我而言，却如同在天涯海角般遥远。然而，"箭在弦上，不得不发"，自己就算是万般的不情愿，却也只能迈着颤抖的双腿，艰难地走向舞台中央……

忽然，台下传来一阵热烈的欢呼声，我抬头一看：原来，我所任教的八(5)班和八(6)班的全体学生都齐刷刷地站起来了，他们在使劲地为自己的语文老师我鼓掌助威！看到这场面，我精神为之一振，是啊，既然孩子们这么支持自己，又怎能辜负了他们的一片心意呢!我深呼一口气,让自己迅速冷静下来,然后目光坚毅地注视着观众,嘹亮的歌声从我嘴里自然流出:"我站在烈烈风中,恨不能荡尽绵绵心痛⋯⋯剑在手,问天下谁是英雄⋯⋯"

在我唱歌期间,那两个班的近百名学生,居然整齐划一地站着给我打拍子,给我伴奏。于是,偌大的校园里,欢呼声,鼓掌声,此起彼伏,将当天的元旦汇演推向了高潮!

表演结束后,我听到孩子们在私底下议论纷纷:

"想不到咱语文老师居然是个不错的歌手,太意外啦!"

"如果以后能够多听听葛老师唱歌,该多好啊!"

⋯⋯

听着这些赞美之词,我心里像喝了蜂蜜一样甜。俗话说:打蛇随棍上。我觉得:既然孩子们都这么喜欢听我唱歌,我何不将自己的音乐特长发挥在语文教学方面呢?在这以后的语文课堂上,我巧妙融入了音乐。

上朱自清先生的《背影》时,为了突出父爱如山,我声情并茂的给同学们唱了筷子兄弟的《父亲》,有几个女孩居然边听边泪光闪烁。

在讲授鲁迅先生的《藤野先生》时,为了让学生领悟文中体现出来的师生情深,我给同学们演唱了田震的《好大的一棵树》,让他们感悟到人民教师无私奉献精神的伟大。

在教《时间的脚印》一文时,为了让学生迅速进入文题,我给同学们高歌一曲王铮亮的《时间都去哪儿了》,让孩子们明白:要好好珍惜光阴,珍惜身边的亲人。

我发现,自从我把音乐融入语文教学后,学生上语文课时睡觉的现象完全消失了,取而代之的是孩子们期盼的眼神,一只只抢答问题的小手,一次次语文成绩的提升。所以,在上学期的霞山区期末统考中,我任教的两个班,语文的平均分和及格率,都包揽了全年级平行班的前两名!

看来,语文教师变身"跨界歌手",会有意外惊喜喔!同行们,您是否愿意去试一试呢?

评析与拓展:

本则故事,语言风趣幽默,故事情节跌宕起伏,生动讲述了葛老师参加学校元旦文艺演出过程中的心理变化、行为变化以及对后续教学产生的影响,给我们阐明了他的感悟:课堂手段的丰富化,会获得意外的惊喜。

基于以上案例的分析,笔者谈谈课堂手段丰富化对课堂效果的影响力。

第一,课堂手段丰富化,更能让学生走进内容和角色。世界是多元的,也是多彩的。在描绘一处美景时,会有多种艺术表现形式,可能有绘画,可能有佳文诗作，也可能会有名曲，等等。这些都是丰富我们课堂手段的主要资源，也是我们进行融汇贯通的首选项。就以本故事中谈及的《背影》这一课为例，这篇文章主要表达的是父亲的伟大，而《父亲》这首歌曲表现的也是父亲的无私和伟大，也就是说这两种形式表现的是同一种主题，如果加上歌曲的欣赏和学唱，就能让学生比较自然地走进角色，理解角色，同时感觉不太单调和乏味，还有可能挖掘出不同孩子的潜能，张扬孩子们的个性。如果您课后再加上"我的父亲"这一主题的绘画作业，那就更立体化了。

第二，课堂手段丰富化，能激发学生参与活动的兴趣。我们经常说，教无定法，贵在得法。也就是说条条大道通罗马，看您怎么选择而已。一节课的目标，其实可以根据生情、师情进行灵活设计，甚至有些教学目标我们都可进行取舍，以保障学生们的参与热情。如笔者在上音乐欣赏课《苗岭的早晨》时，经常舍弃歌曲的结构分析、乐音风格的分析和探讨，转而进行演奏乐曲乐器辨听和熟悉乐曲第二乐段乐曲情境的表现，让学生在参与中加深对这首曲子的印象和苗族人民劳动情景的体验：我们的常规课堂教育，不是专业学生的技巧教育，而是一种普及教育，一种音乐体验，学生参与很重要，不然就是一言堂，或是独角戏。这样的话，哪怕您的专业水平再高，学生不领情，有效果吗？正如爱因斯坦所说："如果一个人忘掉了他在学校里所学到的每一样东西，那么留下来的就是教育。"作为教育工作者，千万别顾此失彼，捡了西瓜却丢了玉米，人云亦云，没有自己的思想。

第三，课堂手段丰富化，提高教师课堂执教期待值。日复一日的教育教学工作，如何做到不那么乏味，或者说每一节课都给自己增加点期待值呢？那就是丰富我们的课堂教学手段。如果您在日常的课堂上加入自己新的手段，或利用自己的理念进行了一些重组，那您就会思考、观察、期待，期待这样的课堂效果如何？学生的表现如何？我们还可以怎样改变？一连串的实践任务接踵而来，应接不暇，同时在不断的实践与改变中，我们的学生也倍感新鲜，试问：这样的课堂，效果能不好吗？

课堂手段丰富化，对我们的教育教学绝对是明智之举。说到这，可能会有人提出质疑，有些手段会使效果背道而驰，产生不好的影响，这样也行吗？对于这一问题，笔者认为，只要不违法，不对学生的心理健康造成伤害，这些方法都是值得提倡和实践的。因为在这一过程中，教师一直在思考，在总结，在反思，他如果坚持下去，也许一种崭新的教学模式就会面世。我们要以发展的眼光看待我们的课堂，以宽容的心态面对和支持我们教师采取的各种教学手段。"一枝独秀不是春，百花齐放春满园"，让我们的教育永远是春天，让我们的课堂永远繁花似锦，活力四射。

25 用家访打开学困生的心扉

黄燕丽

家访是联系学校和家庭的纽带，是联系老师和家长的桥梁，是联系学生在家、在校的通道，作为一名教师，除了教育学生，还有一个重要任务，那就是影响家长，从某种意义上说，只有影响了家长，我们对学生的教育才算真正成功。

小宇，校内小有名气的一位学生，课外作业几乎没有一次是按时完成的，就连课堂作业也要在老师的监督之下才能完成，那字写得简直就是"鬼画符"，课间还经常欺负同学，脏话不断，成绩也是一路"红灯"，同学都不愿意跟他玩。这个孩子有着浓厚的厌学情绪，缺少自信心和竞争意识，完全是一副"破罐子破摔"的样子，因此，我决定对其进行家访。

通过家访，我了解到他还有个姐姐，正在读高中，成绩在班里数一数二，人又乖巧，很受老师和家长的喜爱，而小宇在他姐姐这只白天鹅的对比下就犹如一只丑小鸭，经常受到爸爸妈妈的责骂，连爷爷奶奶也经常拿他和姐姐比。他的家人常挂在嘴边的几句话就是："看你姐姐多优秀，从不让我们操心，成绩那么好，你怎么就不学学你姐姐？""你看你，成天就知道玩，玩，玩，真是气死我了，早知道还不如不生你呢！"

有一次，小宇听了这话竟然哭着跑了出去，边跑边喊："既然你们不喜欢我，还生我干嘛，我再也不回这个家了。"最后全家出动找他到深夜 11 点多，才把他从外面找回来。从此家里人对他是又气又恨，打骂都不行，而小宇也就更加野了，小宇笑着告诉我：家里人都不喜欢我，他们只喜欢姐姐，姐姐优秀，无论我怎么努力也比不上姐姐的，老师其实我也不想这样。

就这样，在家人的一片责骂声中，在姐姐的鲜明对比下，小宇失去了学习的自信，失去了做人的尊严。

看着小宇妈妈一副恨铁不成钢的样子，我给她布置了一个特殊的家庭作业——每星期给小宇找一条优点，每周一的早上由孩子亲自交给我。这样，孩子就巧妙地知道了妈妈也爱我，妈妈对我有信心，也等于告诉老师我的优点，或我的进步了。我也会隔三岔五地给小宇一张纸条，让他交给妈妈，上面或写着小宇今天的课堂作业字迹工整、准确率高，或是小宇在今天的劳动中很积极，能主动帮助小个子的同学擦玻璃，或小宇今天上课回答了一个难度较大的问题，同学很佩服他。对小宇的一个个闪光点，我利用班会大张旗鼓地进行表扬，增强学生和家长的信心。

过了一段时间，我又到小宇家里家访，给小宇妈妈带去了两本书，一本是《告诉孩子，你真棒!》，一本是《好孩子是夸出来的》，小宇妈妈也欣喜地告诉我，这段时间小宇变化很大，回到家里能主动做作业，遇到不懂的还缠着姐姐讲给他听，作业做好后还能给他爷爷捶捶背，给奶奶讲学校里有趣的事。他妈妈笑眯眯地说，现在可省心了。

在那年的中学毕业会考中，小宇顺利地考上了高中，后来又考上了海洋大学。

古人云："知其心，然后能救其失也。"长期以来，在教育学生特别是学困生的问题上，校外教育和校内教育的配合不够，一方面学校苦口婆心地教育学困生；另一方面，社会上不关心和讽刺学困生的现象比比皆是，从而削弱了学校的教育效果。我认为，在学困生转化的过程中，我们既要充分发挥学校的主导作用，又要充分利用校外因素对他们的积极影响，尤其要十分重视家庭教育的作用。特别是做好学困生家长的工作，取得家长的配合和帮助，才能达到共同教育的目的。俗话说，浪子回头金不换。只有真正为学困生营造一方和谐的精神家园，才能使他们摘掉学困生的帽子，成为一名品学兼优的好学生。

让我们共同努力，家校互联，形成教育合力，摒弃对学困生的偏见，多给学困生一点爱心，让爱的阳光温暖学困生的心灵，让爱的雨露滋润学困生的心田；让我们携起手来，探索新方法和新技巧，努力加强对学困生的转化教育工作，或许另一个伟大的世界级人物就在你我的手中诞生。

评析与拓展：

本则故事，讲述的教育学生的方式特别新颖而且具有可操作性。最后，强有力地阐明了个人的实践感悟：家校互联，形成合力，方能做好学困生的转化工作。

基于以上案例的分析，笔者谈谈当今社会的学校教育，需要家校形成合力的几点认识。

第一，学生的教育，需要家校合力。学生是我们的教育对象，是学校、教师、家长、社会教育工作的资源。当今社会，通信发达，给我们提供了沟通的便利，但我们个别学校、个别教师，还高高在上，没有勇气跨越家长和教师之间的鸿沟，没有进行有效的沟通，造成学生的教育，学校一个样，家庭一个样，让我们的孩子无所适从，让我们的孩子当两面人，这一点，真的需要我们家校合力。举个例子，小陈是我校平行班的一名普通的学生，成绩中下，但却是老师心中的学困生，是老师难"教育管理"的对象。殊不知小陈在家却是人人夸奖的孩子，主动承担家务活，还经常帮家长照看弟弟妹妹，是家长的好帮手。这就奇怪了，怎么会这样呢？老师了解后，非常震惊，陷入久久的反思："是哪里出了问题呢？"依我看，这就是我们的老师，没有及时跟家长沟通造成的后果。

第二，学生的学习，需要家校合力。在信息化的社会里，我们的教学方式发生了改变，我们学生的家庭作业形式也在改变。以前的书面作业，现在大多已变成了电子化作业，并且需要家长的帮助或协助方能完成，这也是为了提高教育效果的一种手段。如果没有形成家校教育合力，这些方式不能得以实施，不能拓宽学生的知识面。不能与时俱进，那我们的教育只能原地踏步，与世隔绝，后果不堪设想。

第三，学校的管理，需要家校合力。学校的管理，需要家长委员会代表们的支持，甚至是具体实施，这是为了落实上级文件的要求，合理借助社会力量，分担学校高效管理高效运作所面临的人力压力，同时也是丰富学校教育资源的有效手段，架起学校和家长们有效沟通的桥梁。

家校教育形成合力，是时代的需求，也是我们教育工作者一致的心声。

26　记　得

韩　宁

年前，逛农贸市场，备点年货。市场里人声鼎沸，热闹得不得了。身为老师，其实是很怕过年的。为什么？穷嘛！"穷在闹市无人问"，这不是最好的注脚吗？

"自家养的走地阉鸡，就这几只，手快有，手慢无……"

"这鸡怎么卖？"看到笼里的阉鸡，个个都很帅气，虽然不准备买，但忍不住问了一句。

"哦……"卖鸡的小伙看了看我，愣了一下，接着利索地从笼里拔出两只最大的阉鸡，"怎么好要您的钱呢！拿回去，这鸡真的非常好吃，肉香嫩得很，比那些饲料鸡不知道好吃多少倍！"

这回轮到我愣住了，不要钱？有这样的好事？该不会是什么新的销售手法吧？

"老师，你就拿回去吧，不骗你，这鸡真是在我家果园里自己养的，养了四五十只，吃不完，才拿出来卖的，肉可香了！"

老师？我什么时候教过的学生？我的脑子飞快地转着，可怎么也想不起对面这张满是诚意的脸："不好意思，我一时想不起你叫什么了……" 我觉得脸上有些挂不住。

"老师，您没教过我，我不是您的学生，所以我也不知道您姓什么。"

"那……"我看着他递到跟前的鸡，更加满腹狐疑。

"哦，是这样的，您没教过我，但是您教过我堂弟，吴某某，还记得吧？那个调皮崽，经常惹事那个，记起来了吧？"

"吴某某？"我的脑子再次飞快地转着，人家都把鸡送到跟前了，我却连人家的名字都想不起，这真是尴尬到了极点。

"您还去过我家家访呢！那回我堂弟在回家路上被几个高年级的同学打，你拦住了，将我堂弟送回到家……"

哦，我终于想起来了，吴某某，我十多年前的学生，那个黑不溜秋的小男孩，父亲不在了，母亲改嫁，大伯心疼这根苗，决意抚养他。大伯家的孩子也好几个，日子也不容易，伯父伯母工作忙，也很难整天关注他，敏感、倔强的他总是冷不丁就惹出些事来。那回，我刚接他们班不久，放学后去家访，路上看到他正跟几个比他高一头的孩子打架，被人家按在地上啃了一嘴泥，但他嘴里还是不服软。本来家访的计划没有他，我怕他出事，就送他回家。但是一学期后，他就去妈妈那里读书了。如果不是他被人按在地上的情形令人印象深刻，我真是想不起这个学生了。

"那回您送我堂弟回家，跟我爸妈谈了好久，让我爸妈多关心我堂弟，没说一句我堂弟不好。还建议堂弟和他妈妈一起生活，说这样对堂弟才是最好的关爱。我和堂弟在里屋，你们说什么我们都听得一清二楚，我觉得您是个好老师！您懂得我堂弟的心思，他其实是很想跟妈妈在一起的。您走后，我堂弟哭了好久呢，说以后再不惹事了，再惹事就对不起老师啦！"

"现在吴某某怎么样了？"

"他在深圳发展，老板可器重他了。他跟我提起过好几回您呢！老师，这鸡，您提回去吧，算我替我堂弟表表心意！"

"不，谢谢，心意我领了。下午我就回老家，这鸡不能带上车，不然我真想拿回去尝尝呢！"

"这样啊，那您什么时候想吃，您再跟我说，这是我的电话。"小伙子将一张名片塞到我手里。

我将名片放进胸前贴心的口袋里，心里有些小激动，又有些骄傲：在这，还有人认识我哦！

真没想到，自己做的一些事，会有人一直记在心里……

真的，老师平时对学生的关心和爱，不会马上得到回报，但有些爱，会永远刻在学生的心坎上，甚至影响他一辈子。

评析与拓展：

本则故事，很重视人物语言、心理、神情的描写，讲述了一位老师对某位学生简单的关心，却能让其感动一辈子，甚至深深印刻在自己的脑海里。

基于以上案例的分析，笔者分享一个观点：说者无意，听者有心。

"教育无小事，事事是教育。"作为一名教师，我们时常因为学生的错误而批评学生，也会因为学生的进步和改变而称赞学生，这些都已变成了我们的家常便饭、日常行为，但对于学生来说，特别是特殊时期的学生，产生的效果就不一样啦！

我们平时由于教育事件发生太多，有时也因为个人情绪的变化，无意中说出伤害学生的话，碰到乐观的学生，也许没什么，最多就是情绪低落一时，但对于心灵脆弱的学生，我们这句无意的话，真的就像晴天霹雳，电闪雷鸣，会让他久久不能平静，甚至影响他一辈子。笔者就经历过一件类似的事情，就因为老师一句"这道题都不会"的歧视话语，造成我久久不敢直视这位老师，也形成了迄今我与这位老师之间都不能像以前那么交心的师生关系。一句不经意的话，造成的伤害是多么深远，你是无法想象的！

学生也会因为一次不经意的交谈，换了一个人。因为你的话语影响了他，给予他一种莫大的鼓励，笔者也曾经因为一次和数学老师的私聊振作起来，从此以后，数学成绩一直很优秀。说实话，和这位老师的那次聊天，铸就了我不一样的人生。想想，我们的一次善举，我们的一句关爱，对学生来说，产生的积极影响是无可估量的。

说到这，更应该给予每一位教师提出最为严重的警示：你的教鞭下有瓦特，你的冷眼里有牛顿，你的讥笑中有爱迪生。你别忙着把他们赶跑，可不要等到坐火车、学微积分、点电灯，才认识他们是你当年的小学生。

值得深思！

27　"厌学鬼"变成了"小助理"

王图岸

一棵树苗，在经历暴风雨时会折枝损叶，但只要有足够的水源，它就能继续苗壮成长。

开学第一天，有位家长领着一个小男孩到教导处来进行"特殊"报名注册，乍一看好像三四年级的学生。可是过了一会班主任一进来，我才发现：哦！原来是八(1)班的班主任梁老师。咦，这不正是我将要接手上语文课的那个班吗？

我心里一怔，也暗暗注意起这个小男孩来：瘦小，短发，一双滴溜溜的小眼睛，很机灵的样子。一了解才知道：原来是因为上学期表现不好，家长带着来"求情"的。据说他平时上课懒散，纪律差，不写作业、不交作业，经常逃课，甚至上网玩游戏，几天不回家等"劣迹"俱全。是"厌学鬼"一族啊，看那身板长得比我儿子(小学四年级)还小，看那聪明机灵的样子，一定是个"刺头"，不好对付，但我对他的第一印象还是不错的。

当时，我就想：这回我又有"对手"了。

上第一节语文课时，他坐在第一组第一排，眼睛骨碌碌地转，很紧张、很害怕的样子。但稍微仔细一看就知道他那端端正正地坐着是多么的"不情愿"和"被迫"。其实他也在拼命地装，在做给我这个"新语文老师"看呢。

也许，他心里正在嘀咕着：啊！？他……刚才在"教导处"的这个人就是我的语文老师!!!这下我可惨啦！我该怎么办呢？他以为我会主动找他"约法三章"之类的，但是我什么都没有做。

一个星期过去了。他，小心翼翼地，上课认真听，作业按时交，不迟到也不早退。相安无事，万事大吉。

两个星期之后，他上课有时开小差，有时迟到。他心里悬在半空中的石头好像落地了。

一个月之后，他整个人又被"复制"回上学期期末的"特殊模式"：上课懒散，纪律差，不写作业，不交作业，经常迟到，等等。

这时，是该"收网"的时候了。

那天早上第一节上语文课，他竟然听着听着睡着了。我发现后悄悄地边讲课边走到他的课桌旁，用手轻轻抚了抚他的头。

这时，"啊"的一声，他被惊醒了。原来是他的同桌用"一指禅"神功戳了他的大腿。关键是他醒了之后还是一副无所谓的样子。

这时，他还没意识到"大难临头"了。

我的理性告诉我越是这样越要沉得住气，因此我没有打断上课的思路，继续若无其事地上完课。下课后，我很有礼貌、很"绅士"地请他跟我走一趟。

他好像也没意识到会有什么事，默默地跟着我到了教导处。当时，办公室里还有其他老师。我想用我的方式跟他好好"交流"，力求立竿见影。于是又把他带到隔壁的小会议室，拉出一把椅子先请他坐下，然后我也拉了把椅子靠着他坐下，同时拿出我这一个月以来仔细观察并记录的"神秘"小本子。这个小本子从第一页也就是从开学上第一节语文课开始，记录着班上发生的大大小小的事件。大名鼎鼎的姜某某的"好事""坏事"，我特意用红笔圈出来，一桩桩一件件，有详细的时间、地点、"证人"。对于这些事情，我只是问他是否属实。闪光点和不足都有，重点放在不足上，随后对他展开"动之以情，晓之以理"的全面攻击。他在铁一般的"罪状"面前败下阵来，无路可退，因为他所有的"罪状"都在我手上。

另外，我还做了一件让他更没机会"翻供"的事。就是后来还与他父亲亲切地秘密面谈了一次。他是后来才知道的。

一棵小树苗遇到干旱的时候，渴久了，一旦碰到水源，那啥也顾不上了，只有拼命地去汲取。因此，既然已无路可退了，就只有硬着头皮顶上啰。其实那天说到最后，他的眼圈红了，哭了。我问他："为什么哭？"他沉默了好久，然后轻轻地说："今天跟您说的这些话比我跟我爸一年说的话还要多。"

在这一次的面对面"约谈"之后，他变了很多。

他身上的问题，不可能一下子全都改掉，得给他时间，得给他机会，更要给他鼓励和帮助。

之后我更注意他的一言一行。平时看到他总会让他来我办公室帮忙，比如倒垃圾、抹桌子、搬东西等等。对于他所做的事，我和办公室的老师都会用赏识的方式去鼓励和表扬他。他很开心，他做事的态度也变得认真多了。

时间一长，他也很乐意到我办公室主动帮忙。

学校搞春游或秋游时，我主动邀请他参加班里的游戏或其他形式的活动。有一次到森林公园春游，我参加了他所在的小组进行的徒步环山行走，发现他比较喜欢爬山，做事大胆，跟同学的关系融洽，乐于助人，语言表达能力也蛮顺畅的。

平时他的学习习惯不好，想一下子提高自己的学习成绩也很难。如果能鼓励他充分发挥自己的优势来找回自信，在学习上也许就能事半功倍。学习就好比爬山。爬山的目的是为了看到更多的壮丽美景，从跨出的第一步起，一步一个景致，用心去体会，移步换景，每一步都有新的景致出现，一路下来就欣赏了一路的绮丽美景。而对于学习来说，每天都能学到一点新知识，日积月累，也是一笔不小的"财富"。

他的朗诵能力不错。学校举行首届古诗文朗诵比赛时，在我"特意"的刺激和鼓励下，他参加了。在班级比赛中他变得积极主动，特别卖力，特别认真，准备很充分，靠自己的努力争取到了年级的总决赛名额。最后，他还获得参加全校首届古诗文朗诵比赛的机会，为自己争了光，为班级争了光，更为年级争了光。他那时候曾说他自己真的非常快乐，就连做的梦都是甜蜜蜜的。

从那以后，他在课堂上积极回答问题，认真听讲，逐步养成良好的学习习惯，学习成绩也在慢慢提高，整个人也自信起来。

随后他变得"好问"起来。上课问，课前问，课后也问，成绩从原来的五六十分提高到了八十几分。有时上课之前他还主动跑到我办公室来看是否需要帮拿什么东西，顺便问问题；下课之后抢着帮我拿课本或教具等，并"护送"我到办公室，顺便也问问题。这劲头比语文课代表还积极，不明缘由的人看了还以为我雇了一个"小助理"呢。

以真心换真心。一棵树苗在伸枝拔叶、脚踏实地、奋力向上的时候，能得到园丁雨露般浇灌，那模样、那身姿、那活力是最迷人的！

评析与拓展：

本则故事讲述的教育方法，值得各学科老师借鉴。如何把一位"厌学鬼"变成"小助手"，从关注，到接触，信任，再到委以重任，一步步，让一位普普通通的学困生，蜕变成好学生。最后分享了自己的心里话："教育就是以真心换真心。"

基于以上的案例分析，笔者想谈谈我们教育工作者的真心。

教师如果对教育付出真心，孩子就会真心对待您。那何为教育的真心？笔者认为，对学生付出真心，对工作心存真诚，对学校怀有真爱，对国家具有真情。下面重点说说对学生付出真心。

我国教育家陶行知先生强调的"教学合一"理念中的一句格言是："千教万教，教人求真；千学万学，学做真人。"不管是学生，还是老师，做一位真人很重要。真正爱学生的教师，是一位细心的教师，是一位留意生活的教师。就像王老师一样，把日常的工作、学生的点滴表现都记在记事本上，这样一来，我们对学生的评价就不会那么片面，学生在老师的记录本面前，不可能不服气。这样的教育，才会有效果。试想，如果您平时懒散、漫不经心、心里没底的话，做起学生思想工作来，是不会有说服力的，学生当时没有反驳您，就已经给您面子啦。真心教育，是我们每一位教师追求的目标，也是我们务必具备的品质。否则，一切都会变得"虚无缥缈"。

希望我们都有一颗真爱之心，在漫漫的教育生涯上，感染和滋润更多的孩子，让其健康茁壮成长。

28　班主任得时刻擦亮自己的双眼

葛增胜

从 2001 年大学毕业到现在，我已经任教 17 年了，其中还担任了整整 15 年的班主任工作，算得上是位老班主任了。在这 15 年的漫长班主任生涯里，令我体会最深的——班主任必须时刻擦亮眼睛，明察秋毫，否则将后患无穷！

我有一次就是由于心不够细、眼睛不够亮而差点栽了跟头！

那是 2006 年，当时我才二十几岁，刚从特呈学校调来湛江第二十四中学没多久，担任学校八年级某班的班主任。在这班里有个男学生叫作 A，这位 A 同学性格内向，学习成绩比较差，但是他有个优点：从不在班上捣乱。对于这样的学生，作为班主任的我，对他虽无特别的好感，但是也谈不上反感。

某个夏天的清晨，像往常一样，我早早就来到了教室。那时候我还是单身，平时就住在学校里面的教师宿舍楼，所以每天来到教室都特别早。年轻的我喜欢到教室里面找学生们聊聊天，解解闷。

忽然，平时很少说话的 A 同学捂着肚子来到我面前，只见他紧皱眉头，脸上露出痛苦不堪的神情，我连忙扶着他问："同学，你怎么啦？"

"老师，我……我……肚子疼……非常疼……"A 同学一边捂着肚子，一边说。

"那我现在带你去让校医看看吧？"我说。

"不行啊，"A 同学连连摆手，"现在才七点钟，太早了，校医都还没有到学校呢。"

的确如此，现在整个校园都还是冷冷清清的，估计校医也不会来这么早。

"那怎么办呢？"我有点手足无措了。

"老师你就让我回家看病吧？"他不停地恳求着。

"这……"我有点为难了。

"求求您了，我的肚子现在是越来越疼啦！"A又做出更加痛苦不堪的样子。

看到他那可怜兮兮的样子，我也动了恻隐之心。

"好吧，那你现在写张请假条，我就让你回家看病去。"我最后还是顺从了他的要求。

A同学的脸上露出了一丝不易察觉的得意之色，他匆忙写了一张请假条交给我，然后背起书包就急匆匆离开了学校。

那天早上，我的课非常多，忙起来竟然忘记打电话通知A同学的家长，更忽略了询问A同学是否安全回到家的事情。就是这看似小小的疏漏，给我带来了巨大的麻烦！

午饭后，我正准备午休，忽然接到A同学的父亲打过来的电话，他在电话中着急地询问他儿子为什么这么迟了还不回家？

我一听才知道事情严重了：原来A同学今天早上根本就没有回家，他根本就不是肚子疼，而是找借口溜出学校玩去了。而且更严重的是：谁都不知道他是溜到哪里玩，他失踪了！

情急之下，我马上跟家长跑到学校附近找人，可是找了许久，还是没有找到。无奈之下，我们只好跑去管辖本校的派出所报案。但是派出所的民警也是爱莫能助：因为，孩子失踪才几个小时，按照规定是不能立案的。当得知派出所也不能帮忙时，A同学的家长大发雷霆，他用手指着我破口大骂："你这人是怎么当班主任的，能随便放学生外出吗？如果我儿子有什么三长两短的话，我绝不善罢甘休！"

作为一个平时备受尊重的人民教师，此刻却这样被人指着鼻子骂，真是丢脸啊！但是，这件事的确是我本人的错，所以，我也只好把苦水都往自己的肚子里灌。我拍着胸口向家长保证："家长您放心，我就算是倾家荡产，甚至跑断自己的双腿，也要帮您找回儿子，找回我的学生！"

于是，我发动起自己所有的亲朋好友，沿着霞山区的大街小巷，一起去寻找这位失踪的学生。

时间在一分一秒地过去。

下午，学生没有找到。

晚饭时分，学生还是没有找到。

到了晚上十点钟的时候，A学生依然没有找到……

A父母的电话就像放高利贷的人去追债一般，不停地打过来，我真是心急如焚啊，却又无可奈何：在偌大的霞山区去寻找一个故意躲起来的孩子，还真是海底捞针啊！

在我手足无措之际，当时分管学校德育的韩宁副校长也及时伸出了援助之手，他也发动他的一大批已经毕业多年的学生帮我找人，而且还安慰我说："你能够及时让 A 学生写了'请假条'，然后再让其离开学校，从法律的角度来说，这也算是完成了其中的一部分班主任职责了。"当然，他也严肃地批评我：学生在校内请假，是必须及时通知到家长的，没有征得家长的同意，就让孩子离开学校是相当严重的错误！

听了韩副校长的话，我良心更是备受煎熬！于是，我连晚饭都顾不上吃，不停地走街串巷找人。

夜幕降临，繁华的霞山区到处华灯璀璨，夜色迷人。无助的我却孤零零一个人走在大街小巷上，穿梭在一间间网吧、超市、娱乐城……艰难地寻找着那个失踪的学生。

找啊找，找啊找……

直到深夜十二点，在我们学校附近的坎坡村的一条偏僻的巷子里，我才找到那个已经失踪了整整 15 个小时的 A 学生！原来 A 学生当天跟着一群朋友偷偷坐车去东海岛龙海天游泳了，现在才刚刚回来！

第二天学校领导狠狠地批评了我：幸亏这学生偷偷溜出学校是去游泳还能够平安回家，万一当时他发生溺水事件的话，你如何赔个孩子给家长？

我听后冷汗直冒……

这事情已经过去了整整十二年，我也从当年那个毛头小伙变成了一个教学经验比较丰富的中年教师。但是每天对着这群顽皮的初中生时，我丝毫不敢大意，还是不停地提醒自己：作为班主任得时刻擦亮自己的双眼，事事都得小心谨慎！

评析与拓展：

本则故事，葛老师讲述得非常具体、生动，我们都生怕 A 同学找不到，跟着故事情节发展，也一直在期盼着，祈祷着。故事的最后，葛老师分享了一辈子难以忘怀的班主任工作感悟：作为班主任得时刻擦亮自己的双眼，事事都得小心谨慎！

是的，班主任的工作，千头万绪，肩负着父母般的监护学生的重任，特别是学生人身安全方面，因为"安全工作无小事"，只要安全事故发生了，我们都要负一定责任，并造成一定的社会影响。

基于以上的案例分析，笔者谈谈在学生人身安全管理方面，我们应该注意的方面。

第一，教育为先，预防为主。我们的教育工作，其中一个最大的作用就是防患于未然。在学生教育工作中，我们要树立一种危机意识，预防意识，尽可能把一切工作做在前面，别等到事情发生了，才火急火燎，慌慌张张。甚至是我们教育不到位的原因，造成了不可挽回的后果。

第二，活动助力，积累经验。经验是靠积累的，这是大家都知晓的道理。作为学校，如何搭建平台，让学生积累这方面的经验呢？个人觉得，具体的活动开展，就是很好的途径之一。我们经常说百闻不如一见，百见不如一试，其实让学生在活动的参与中，去见，去试，这才是最好的方式。比起那些纯文本的教育、老师的说教，所产生的效果是截然不同的。

第三，时常演练，时常感悟。汶川大地震中，那所伤亡为零的四川省绵阳市安县桑枣镇桑枣中学，在叶志平校长的带领下，平时除了加固建筑外，每学期还高要求地进行一次安全演练。平时不起眼的工作，却拯救了2300多名师生的生命，这就是时常演练获得好结果的最好例证。在每一次演练中，我们要做好及时总结，特别是实战演习，或是常规性的安全宣传活动，要求学生写写感悟日记或短文，把眼中所见、耳中所闻、亲身所做的过程和思考，一一通过文字表达出来。这样的教育才会产生立体化的效果，才会根深蒂固。

29　用快乐去经营，用快乐去感染

吴贵荣

班主任工作是苦的，是累的。班主任肩头上的责任如此重大，当班主任也自然成了"苦差事"。我们往往忽略了快乐，被千头万绪的工作压得苦不堪言、愁眉苦脸，学生天天面对我们也就没有愉悦的心情，那只会造成大家叫苦连天。班主任肩负的事情多，也就是经历多了，经验多了，其实这日日夜夜的工作中还是有快乐之道的，我们不妨来聊一聊。

一、快乐的交流

学生毕竟是个孩子，儿童的思维是单纯的，儿童的眼光是直接的。如果做一个高高在上的"老"老师，会与他们有一定隔阂，甚至有着鸿沟。教育学者李镇西说过："一个优秀的老师一刻也不要忘记自己曾是个孩子。""童心"是我们当好班主任所必不可少的"精神软件"，通过童心教育与学生达到心与心的接触，情与情的相融，碰撞出快乐的火花。所以与学生交流的过程中先要当自己是个孩子，才能将心比心体会学生的天真，也才有天真的快乐。

某日中午，我们的"大明星"梁某某跑过来，对我说："老师，某某带了把枪回来呢！我去逼他上缴！"说完转身跑了。我一听，怔住了！天天说不带玩具，不带利器，不带危险的东西，居然敢带枪！这真是荒天下之大谬！这是作为一位班主任的"常规"心理读白。当时我愤气冲上咽喉，准备要大发雷霆。这时，梁某某跑回来了，笑嘻嘻地，两手藏在后面。我严肃地命令："拿出来！"她慢悠悠地亮出那东西。我一看，雷霆般的愤气一下子散了。没错那是"枪"，不过是块做得非常像枪的橡皮擦，不得不说：做工精致。梁某某笑得更大声了。这时我才醒悟过来，原来她在捉弄我。真是幼稚，不过更幼稚的是，我随即拿起这"枪"向她瞄准："乒乓乓——"她反应也快，马上躲，我再瞄，她再躲……就这样的兵与贼的游戏，我们玩了半天，似乎很无聊，可是我们都乐在其中，这就是幼稚而快乐的相处之道。

二、快乐的教育

人格教育是班主任工作的重点所在，也是形成正确舆论和良好班风的途径，那是一种巨大的教育力量，对班级每个成员都有约束、感染、熏陶、激励的作用。因此，班内要注意培养正确的集体舆论，善于引导学生对班级生活中一些现象进行评价，形成"好人好事有人夸，不良现象有人抓"的风气，这样才能营造一个快乐的家园。人格教育如果总是高谈阔论，对于学生来说就变得枯燥了，所以我觉得人格教育不需要刻意为之，那是一种潜移默化的教育力量，在生活细节里渗透，让学生在不经意间，欣然接受。

我喜欢有意无意地对学生进行人格教育。几年来喜欢用"二字真言"作为教育手段。我让他们学会"认真"，教他们要"细心"，提点他们要"感悟"。不一定开一场轰轰烈烈的班会，或是形式多样的心理课才能让学生有所体会。其实，一切生活细节都是人格锻炼的机会，千万不要低估学生的悟性，有时候一个生活小插曲，对他们来说可能就是一次难忘的教育。我喜欢在评讲阅读训练习题时，顺便进行人格教育。由于我们经常会遇到小故事大道理的阅读文段，我喜欢利用这些实在的例子与学生探讨人生、梦想、生命和爱。有一次，我把一盆枯萎的花捧到讲台上，让学生观察。那是布置最美教室的时候，学生捐献的盆栽。学生边观察，边回忆那花灿烂的样子，聊了很多很多，他们的语言是稚嫩的，我带着他们讲到了世界的变幻，说到了对生活的忽略，甚至感悟生命的脆弱……由这枯萎的小花引起无限的思索，在这小小插曲中，学生就不经意地感悟了生活。"启迪智慧、放飞个性、健全人格"，有时不必太刻意。

一个快乐的班主任能促使孩子快乐成长。因此，我们要用快乐的心态去迎接孩子，去打动孩子，伴随他们成长。

评析与拓展：

吴老师为了阐述自己的教育观点，利用了两则故事，进行"快乐交流""快乐教育"两种理念的分享，从中体现了吴老师的教育之道，生活之道，那就是"快乐"才是永恒的主题。

谈到"快乐教育"这一主题，笔者也和大家分享几点浅见。

第一，相互理解方能快乐。人与人之间，有着错综复杂的关系，高低贵贱、教育与被教育、服务与被服务等等，在这些关系中，能和谐相处，能给彼此带来交往的快乐，就只有相互理解，所以我给相互理解的定位是：它是每个人获得快乐的基石。有人可能会反对，说如果你没有傲人的成绩，怎么可能得到快乐？这就是典型的没事找事、没苦找苦来受的思想。这一问题的出现，根源就是您的定位问题。当您那么想，自然就会觉得不快乐，但如果您这样想，那就自然而然快乐起来："我已经很努力啦，虽然还比不上大家，但我是最能吃苦的，相信假以时日，还是可以达成我的目标，再有，我们彼此存在的差距，不就是给我提供最为直接的奋斗目标和标杆吗？"在教育岗位上，难免会存在比您教育效果好的同事，也会出现暂时比不上您的同事，如果你们是一种相互理解、相互帮助的关系，大家最后虽然还是存在差距，但彼此是开心的、快乐的，何乐而不为呢？

第二，倾注教育方能快乐。"一份耕耘，一份收获"，这一道理，家喻户晓。在我看来，延伸一下，"收获的时光才是最快乐的！"如何才能获取快乐，肯定不是顺手拈来，更不会从天而降，而是经历一番彻骨寒。在教育行业，这一法则更加合适，所以倾注教育方能收获快乐。倾注教育的人，她是专一的，是具有发展性目光的，也是容易得到满足的，就是所谓的"知足者常乐"。当然，这都是表象，而她骨子里蕴藏着强大的干劲，怀揣着远大的目标，正在享受着每前进一步的快乐。

第三，换位思考方能快乐。懂得换位思考的人，就能时时刻刻享受快乐。教育小孩时，当您回想起自己的孩提时期，就会非常理解这一年龄段，犯这样的错误，根本不值得我们大发雷霆。看到学生的考试成绩有点下滑时，我们若能换位思考，寻找考试失误的原因，就不会一直处在闷闷不乐的自责当中。遇到与您的工作习惯和讲话方式不同的同事时，你的换位思考，换取的是他们的感动和理解，得到的是他们的尊重，收获的是舒适快乐的工作环境。

所以，快乐或不快乐，都是自己的一天、一辈子，就看自己怎么选择，怎么调整，其实真正的决定权都在我们每个人的手中。

让我们相互理解、倾注教育、换位思考，享受工作的快乐。

30 "心心相印"的教育

耿艺文

"真的教育是心心相印的活动，唯独从心里发出来的，才能打到心的深处。"第一次看到陶行知先生这句话的时候，我的感觉是既震撼，又如沐春风，这是一个多么温柔的人才能说出来的话。刚入行做老师的我，时常用这句话提醒自己，教育，是以心换心的过程。

我任教的一个班上有一个女生，就叫她阿葵(化名)。阿葵是个性格开朗，勤奋努力的学生。每天我都看见她笑嘻嘻的，无论是跟同学玩，还是帮老师的忙。

校运会的前几天，阿葵犹犹豫豫地来到我身旁，跟我说："班主任让我参加800米赛跑，可是我怎么拒绝都拒绝不了，我跑得一点都不快，很担心自己会给班级拖后腿……"我一听便乐了，因为她的情况跟曾经的我非常相似。但是当时我的父亲鼓励我参加，不是让我去争名次，而是从心底里给予我支持，认为我是最勇敢的，这使我如今回想起来，依然非常感动。我思索片刻，将我父亲曾经开导我的话告诉了她，"阿葵，其实校运会也就只是校运会而已，并非什么能决定你人生大事的事情，跑得好，自然为班级争光。但是跑不好也没关系，因为你敢于参加，就已经比很多人勇敢了，坚持着跑完，比那些没勇气坚持跑完的人勇敢多了，是不是？我觉得，勇于参加比赛的同学，应该获得和第一名一样多的掌声。所以，阿葵，勇敢参加吧，向自己挑战一次，当自己的'小勇士'！"阿葵听完以后，说从来没人这样鼓励过她，总是让她加油，拿个好名次，令她很紧张很害怕，而在这番话鼓励下，她决定要当一次自己的小勇士。

校运会转眼间就来了，该阿葵上场了，我告诉她："别害怕，今天的对手，只有你自己，只要坚持跑完，你今天就赢了！"阿葵眼睛亮晶晶地看着我，郑重地点了下头。在比赛过程中，我看见阿葵无论跑得多慢，都没有停下来过，最后还超过了几个跑在前面的选手。跑过终点线之后，她说："老师，我好开心好开心，我原来真的可以！"此时，我知道，我已经在阿葵的心里埋下了一颗名为"勇敢"的种子。

发生在我和阿葵之间的，还有一件小事。

阿葵的成绩在班上还不错，我也一直认为她学习上的困难不大。但是有一天放学后，我看她自己一个人闷闷地坐在校园里，和平时不太一样。于是我过去询问她的情况："阿葵，今天不跟同学去玩了吗？怎么在这儿坐着？"她支支吾吾地说："嗯……没什么，他们有事先走了，我……我在等我妈妈。"我又问她："你们今天上了什么课啊？学了些什么啊？"这时她的表情越发忧愁，我想应该是学习上的困难困扰住她了。在我的追问下，她才说出了实情，原来是今天数学考试不及格，她很难过，所以放学后自己在学校里待着。

这样，我心下便了然，心想：这个孩子平时笑嘻嘻的，但其实内心还有点敏感，如果单纯跟她说"加油""下次努力"这样的话，对于她而言是没办法解开心结的，反而会加重她的压力。于是，我便重提校运会上的她："阿葵，校运会上那个勇敢的你去哪了？你说，遇到困难时逃避，这是你希望的样子吗？"阿葵回答道："不是。"于是我再一次鼓励她勇于直面挫折，遇到事情，想办法努力推进。

几日之后，阿葵见到我的时候，说到她现在开始找同学、找老师请教问题了，学习上的困难已经少了许多。我看到那个勇敢的阿葵又回来了！

这只是一个阿葵，但是每个班里，都有数十个阿葵，等待着我们的鼓励和帮助。其实每一个学生都可以成为自己的小勇士，就看我们能否找到合适的方法去引导他们，将他们心里的小勇士带出来了。

教育的心心相印，无非就是用我们的心，去托举他们的心，将他们送上一个更高的平台，让他们去看看更广阔更精彩的世界。

评析与拓展：

作为新入职的耿老师，能够取得这样的教育效果，实属不易。同时笔者对她的教育感悟很是欣赏。重复一遍："教育的心心相印，无非就是用我们的心，去托举他们的心，将他们送上一个更高的平台，让他们去看看更广阔更精彩的世界。"

基于以上案例的分析，笔者谈谈教育中的"心心相印"。

心心相印，耿老师的理解是"用我们的心，去托举他们的心"。这是一个非常务实的理解，因为从故事的第一小段中，我们看到了耿老师用自己的经历，以自己当时的心理变化，来和学生交流。这样有故事，又有真实经历的心与心之间的交流，是最有效的。

教育，是一种感化，一次推动。我们的孩子，在需要我们伸出援助之手的时候，推他一把，他就会向前一步，再推一把，再向前一步，孩子的成长不就是这样吗？不积跬步无以至千里，不积小流无以成江孩。只要我们持之以恒，一步一个脚印，怀着"捧着一颗心来，不带半根草去"的工作态度，那我们的工作就能有起色，我们的教育成果就能不断得到积累，我们的孩子们也就能天天成长，日日前行。

所以，我们日复一日地在这片富有希望的田野上，用千百倍的力量在耕耘着，都是期待着有朝一日，换来桃李满园香。孩子们，老师们，您说是吗？

31 等待花开也很美

王图岸

花儿，只要静静地等待，时节到了自然会开，等待花开也是一种美。
——题记

"喂，您好！我是小智的妈妈。您是王老师吗？"

"嗯，是的。您好您好！您找我有什么事吗？"

"王老师，小智今天特别反常，他说他很烦。我们父母不理解他，同学朋友都不理解他，他说他要死了，别人都要他死。中午饭没吃完他就跑出去了，我一直在找他，到现在也没找着。所以……王老师，请您帮我看看他有没有到学校。真不好意思，麻烦您啦！"

事不宜迟，我听完电话，马上往班上奔去，一看，还好，在。小智坐在自己的座位上认真地听课呢。怎么回事？

我马上打电话给小智的妈妈。

"喂，您好！小智正在教室上课呀。到底怎么事？"

"哦，谢谢您！王老师。他在学校就好了。吓得我……"

"小智妈妈，这到底怎么回事？可以跟我说说吗？"

"王老师，是这样的：中午吃饭的时候，小智突然跟我说我们父母不理解他，同学朋友都不理解他，身边的人都不喜欢他，讨厌他，干脆自己死了算了。当时一听他这么说我就特别担心，我赶紧劝了他几句，他根本听不进去，饭还没吃完就跑出去了。本以为他烦了到外面消消气一会就会回来的，可是我在家里等了一个多小时了也没见他回来，我就着急了，立刻出来找他，结果没找着，心里就慌了。他爸爸也不在家，我一时不知道怎么办才好。所以就给您打电话了，真的麻烦您啦。……王老师，我能再麻烦您一件事吗？"

"什么事？您请说吧！"

"就是……平时他回到家里总是说在学校里最佩服您，最听您的话。我想请您下课后找他了解一下，最近他非常反常，回到家里老是说他很烦，还说我们父母除了物质上帮助，精神上什么都帮不上。小孩什么时候才能理解我们做父母的无奈。"

"好的。不用担心。我会找他聊聊的。"

"谢谢您！谢谢您！"

"不用客气。应该的。"

我放下手机，心里顿时不安起来：这是真的吗？这是班上唯一一直给自己制定目标为"广东省实验学校"的小智吗？难道是"旧病"复发了？……一连串的疑问不断地浮现在脑海里，我百思不得其解，怎么会呢？

下课后马上找小智了解，原来是虚惊一场。不过，虽然事情没有到"死"那么严重，但是问题可不小。事情是这样的：他最近跟"铁哥们"小郭因不小心泄露秘密的事大吵了一架，他错在先理亏，被对方把他的"家底"(从幼儿园到现在所有的缺点，特别是让他最伤自尊的"娘炮"的外号)掀了个底朝天。那天，要不是同学及时拦住的话，他俩一定会大干一架。他自己好面子，就不愿主动向对方道歉。就这么耗了几天，他心里不好受，没地方发泄，只能迁怒于家人。

解铃还须系铃人。我马上找来他的"铁哥们"小郭当面对质，双方都体验到了好朋友之间的"煎熬"滋味，自然会更加珍惜对方了。最后小智主动伸出友谊之手，双方握手言和。

为什么小智会这样呢？

其实，小智还有一段不堪回首的"峥嵘岁月"。他，是班上公认的自理能力最差的，自控能力也是最差的学生。每次开家长会，他妈妈总是特意等到最后才找我聊，并且聊的时间最久。通过了解才知道，他从小跟着奶奶长大，父母闹离婚，孩子成了受罪的皮球，双方都不管小孩，只好推给年事已高的奶奶，奶奶除了溺爱还是溺爱。他在奶奶家里就是"小皇帝"，平时过着"衣来伸手，饭来张口"的日子。本来已经收拾整洁干净的房间，他只要几分钟就能把房间变成疯狂的垃圾场。七年级参加社会实践农训的时候，全班就已经领教了他的自理和自控能力，当时真的是闻名整个基地。每一项扣分都有他的大名，他连盛个饭，饭粒都要掉一地。当时大家都很讨厌他，不明白真相的人都觉得他是故意的。

我从教二十几年来，没教过如此特别的学生，自理和自控能力几乎为零。原来我也认为他是故意的，后来了解到他的实际情况之后才知道这是真的。针对他的情况我决定做三件事：第一，找他个别交流，希望他能主动配合，积极提高自己的自理和自控能力。第二，找班上跟他关系较好的同学商量，跟他结成多帮一小组对他进行帮扶。同时还要求全班都要行动起来，全方位地关注他、鼓励他、影响他、帮助他，他的进步就是全班的进步。第三是找他妈妈商量，在家里要认真耐心地在衣食住行、待人接物等方面给他做示范，一点一点地教他，多鼓励多赏识他，千万别放弃他。

经过一段时间的努力，他的自理能力和自控能力有了明显的改善。另外他有一个特长就是特别爱看书。我还针对他的这个特长尽量给他创造机会，鼓励他积极参加学校内外举办的各种征文比赛和读书活动。他写的文章《心中最美的学校》刊登在学校的墨苑文学社的报纸上，《爱学习，爱劳动，爱祖国》荣获区级征文比赛二等奖，《圆月的念想》发表在文艺季刊《霞山》，等等。

不经历风雨，怎么见彩虹？小智也是祖国的花朵，我希望大家都能伸出善良的手拉他一把，让他顺利度过这场风雨，继续茁壮成长。

能够看到祖国的花朵璀璨绽放，就是我们师者最大的幸福。

评析与拓展：

本则故事，王老师讲述得详细具体，过程扣人心弦，教育效果显著。最后，向我们阐明了她的教育感悟：对于特别时期的学生，"希望我们都能伸出善良的手拉他一把，让他顺利度过这场风雨，继续茁壮成长。"

基于以上的案例分析，笔者简单梳理一下有效进行特别学生教育的常规过程。

第一步，接收事件。接收事件的途径有很多，但主要是自己亲眼所见、自身察觉，或是学生反映、同事反映、家长寻求帮助等等。根据途径的不同，基本可以断定我们是马上处理，还是继续观察，有时候也已经决定了教师可能使用的策略。

第二步，分析事件。接到事件之后，就要进行冷静的分析，着重考虑事件本身与学生本质的联系，考虑学生在事件发生前后的心理变化，做到有的放矢，不要把事件推向另一个极端。

第三步，具体了解。这一步要求我们找到事件的相关人物详细了解事件发生的过程，具体了解学生的心理想法，或者询问学生下一步准备如何面对或处理。这一过程很重要，因为决定了教师的处理方向。所以我们要有一双机灵的眼睛，一颗平静的心，才能事半功倍。

第四步，提出方案。在经过前面一些程序的交流了解之后，我们可以让学生提出解决方案，老师再补充。当然这一方案，需要有一定的诚意，需要具有一定的惩罚力度，不然，教训就不会深刻。

第五步，关注效果。教育效果，才是我们处理事件的目的。最起码该事件圆满解决，再深入些，就是举一反三，让周围的同学引以为戒。

第六步，后续激励。教育，就是为了以后不要重复教育，想要做到这一点，是比较困难的。所以我们要进行后续的跟踪，不然就会反复。解决这一困难，激励是比较好的方式。这里所谈到的激励，不光是言语上的表扬，还要给予学生足够的信任，帮他找到自己的位置。就像王老师那样，能发挥其个性爱好且不断获得荣誉，这样的激励手段，可以说是最佳的。所以我们得用心跟踪，及时把握，让我们的教育效果更加长远，更加有效。

以上是常规的教育学生程序，没有绝对，但具有一定的参考价值，希望大家有所启发。

32　无处不在的美

孔丽颖

她面容清秀，亭亭玉立，清纯可人，宛若一朵淡雅的兰花。

我说，她是全年级最美的女生。同事笑笑，说："你啊，偏爱罢了。"

偏爱，也许吧。但她的美，真的无处不在。

四十分钟的课堂，她总是能目不斜视、心无旁骛。那双清澈明亮的眸子，闪着求知的光芒。每一次提问，她都能对答如流，每一句诗文，她都能烂熟于心。多少个月夜，在灯下苦读；多少个节假日，忍受那份孤独。大大小小的测试，她都在班里遥遥领先。努力的孩子，总是那么美。

有段时间，班里有些同学开始不交作业，找她来询问。第二天，她抱了一沓作业走进办公室，我笑笑，今天的作业交得挺齐嘛。她笑靥如花，心满意足地离开。后来看到一位男学生的微日记这样写着："今天，语文科代表追着我跑，逼我写作业，把我的凳子都踢翻了……"认真负责的孩子，怎能不美？

有一次，让她课间代我给部分同学听写，可下课铃一响，有几个逃跑分子从后门开溜，她一马当先，狂追猛拽，硬是把他们给拽回教室。在她的"威逼"下，那些男生竟乖乖静坐着写完了 50 个词语。

有些人，可以直抒胸臆地夸；有些人，却只能转弯抹角地赞。当那个平日里柔美的女子，在那一刻变成了女汉子，当她将工作做到了极致，怎样的明夸暗赞，任何溢美之词都不足以表达我心里的感动。身边也曾有人蜚短流长，有人说她作，有人说她假，有人说她爱出风头，有人说她狐假虎威。她也曾黯然神伤过，也曾泪流满面过，也曾遍体鳞伤过。只是，那份对本职工作的炽热，却未曾改变过。擦干泪水，她依然脸上含笑。她总是爱她所爱，无怨无悔。那些忍辱负重的微笑，一如一意孤行的行书，飘逸着它的风华绝代。这样的女子，温润如玉，纯净可人，怎么不美？

给我更多的感动，源于她对友情的珍视。

有一天，她跑来找我："老师，上课时能不能多提问一下小 A，多让她上黑板做做题目？"小 A 是她的好朋友，却是个很腼腆的女孩。每次提问，小 A 都低着她的头，总是那么淡泊，那么与世无争。一向不喜欢强人所难，她无意，我也不想勉强。我说，她似乎很不愿意呢。"老师，不是这样的，她胆子有点小，我希望她的成绩能更好些，我希望她能对学习更有信心些……"她急红了脸，有点语无伦次。我抬头看着她，她眼里写满焦灼。多么纯真的孩子，纯真到了不染纤毫的澄澈。考场犹如一个没有硝烟的战场，每个人都已自顾不暇，而她却还想兼善天下，何等气度。后来，大家都有点奇怪，小 A 怎么突然活跃了不少。这个世上，哪里会有什么突然？在所有的突然之前都已经有了漫长的伏笔，个中缘由，只有她明白。欣喜若狂里，我依稀看到她在一个个午夜绞尽脑汁、搜尽枯肠想要帮助好友的执着。那是一种无瑕的美，美到如此不食人间烟火。

小小年纪的她，竟然能将内心修炼得如此明媚，她真的让我不得不赞叹。

很喜爱那样的她，疏淡静雅，内敛安宁；很喜爱那样的她，内心丰盛轻盈，澄澈透明；很喜爱那样的她，坚守一份执着与笃定，孤傲却不孤独。

她的美，就像一道光，照亮了每一个角落。

评析与拓展：

本则故事，散文般地向我们讲述了孔老师心中最美的她，"疏淡静雅，内敛安宁"，"丰盛轻盈，澄澈透明"，"坚守一份执着与笃定，孤傲却不孤独"。

是的，在我们身边，就有一批这样"美"的学生，他们让我们惊讶，让我们感动，更让我们看到了一道能照亮每一个角落的光，使我们日复一复，年复一年的工作更具活力，更具期待感。

基于以上案例的分析，笔者谈谈教师心中的"美"。

教师，为什么说是人类灵魂的工程师，那是因为我们在教育学生，让学生拥有一颗健康的心；为什么说是一位辛勤的园丁，那是因为我们在培养学生，让学生学会各项生存的技能。这是对我们老师幸福而艰辛工作的描述，也是社会给予我们神圣而艰巨的使命。

德国著名哲学家黑格尔曾说："世上不是缺少美，而是缺少发现美的眼睛。"这其实是在强调，我们身边处处存在着美，只是我们没有去发现，或者说没有以美的方式去阐述它。

作为人民教师，我们身边存在着无数的美，那我们心中的"美"有哪些呢？

第一，学生的笑脸。学生的喜怒哀乐，全部写在脸上。开心时，笑容满面；伤心时，潸然泪下；生气时，大动干戈，都是非常明显的行为特征。但在我们老师心中，学生的笑脸，是最美的。"微笑是一种神奇的力量，能给人美的享受；微笑是一股源源不断的甘泉，能给予你无限的力量。"所以老师看到学生的笑脸，就会油然而生出一种享受，一种肯定，一种力量。可以大胆地说："笑是两个人之间最短的距离。"

第二，学生的努力。我们的教育目标是培养学生德智体美劳全面发展。其中"劳"就是其中的一项目标，很多人，只把它理解为劳动，这是比较单一的，其实"劳"泛指劳动、奋斗。愿意劳动、奋斗的孩子，也是最美的。现如今，我们的孩子个个都是"国宝"，基本处于"饭来张口，衣来伸手"的生活状态，缺乏一种独立自主，缺少一种韧劲，更缺少树立一种为学习进步而努力奋斗的精神毅力。如果我们身边有这类学生，不管目前的奋斗结果如何，他以后定会有所作为，这就应该是我们教师心中的一种特别的"美"。

第三，学生的合作。"一个人走得快，一群人走得远。"在未来的社会里，一个人的力量是很难前行的，需要的是有团队精神，能与别人合作的人才。如果我们搭建的平台，学生能团结合作，高效达到预定目标，那就是希望之举，是一种"美"的行为，我们作为新时代的教育工作者，应给予足够的赞赏和延续。

......

总之，我们身边一样存在着美，只要我们拥有发现美的眼睛，我们、学生就会生活得很幸福。

33 计票风波

黄燕丽

渺渺时空，茫茫人海，但因为与教育牵手，与孩子为伴，我的人生朝向了另一种美好。就这样，从容而坚定地行走在教育的路上，简单朴素，怀揣一颗爱心，与我的学生热情相遇，亲密相拥，幸福同行。

每个学生都有独立思维，颇富个性。他们的思想、品质发展，参差不齐，当面对一些与个人利益息息相关的情况时，他们会有令人意外的表现。在我的教学生涯里，曾经发生过这样一件令我印象深刻的事情。

某次期末评选"三好学生"，我让学生推荐候选人，然后进行无记名投票，下课时将选票分成两组随手给几个女生统计。很快，两组女生把统计结果送到了我的手上，我拿着统计结果，准备到班里去宣布。还没到教室门口，小超就过来热情地和我打招呼，他凑近我，神秘地说："黄老师，结果出来了吗？"

我捏了捏统计结果表，还以为他想让我提前告知统计结果，由他亲自广播这个激动的好消息，因为他是个对什么都显得热情万丈，还喜欢传播小道消息的孩子。

"是的。我下节课就公布具体的票数。"

"老师，请别马上宣布好吗？"

"为什么？"我感觉奇怪极了，选举结果最受学生关注了，而他的态度，简直太反常了。

"老师，我建议您重新统计一下票数。"他一脸庄重的神情。

"你怎么啦？开这么大的玩笑？我们向来是由同学统计票数的呀，这样更公平、公正啊。"

"可是，您今天怎么能把统计票数这么重要的工作给了卫生委员小羽呢？她可是候选人之一啊！我刚才发现她主动要求读票，万一她读票时出错了呢？"我刚想否决，可看他一本正经的样子，听着他有理有据的分析，为了真正体现公平、公正、公开，也为了弥补我的一时疏忽，我决定重新选了四个人统计，由两个人读票，两个人登记。

第二次计票结果终于出炉了，我不动声色地对照了一下计票结果，不由大吃一惊，两次统计结果果真有较大的出入，且小羽的确为自己多加了7票。

我再次走进教室时，发现许多学生窃窃私语，依稀辨出他们都在数落小羽，因为学生计票都是在教室里进行的，难免会有人了解实情，而小羽呢？座位上并没有看到她的身影，大概她也知道自己的错误而躲出教室了吧。我急忙劝阻，郑重地对他们说："同学们，你们大概会对老师请同学们两次统计选举结果感到吃惊和意外吧，其实这是因为小羽计票结束后告诉我可能重复读了几张票，而且她说自己是候选人，怕同学对结果有异议，因此让我重新统计一次。"然后我又叫小超到走廊上，感谢他的细心让我把工作做得更到位，并轻轻地告诉他："良言一句三冬暖，恶语伤人六月寒。谁都会有犯错的时候，一定要尊重他人，给别人留有余地。关于计票事件到此为止，不要伤害到同学。"他点点头答应了，之后我宣布了最终的计票结果，同学们皆大欢喜，而小羽悄悄从后门溜进了教室后，一直低着脑袋，因为几票之差，她落选了。

放学后，我把她叫到了办公室，单独找她谈心。

"你一定很难过吧？我完全可以理解你此时的心情，作为候选人，每个人都希望自己能有很高的票数，但你一定要记住，当你作为计票员时，你就得铭记自己的身份，一定要细心负责，公平公正地对待自己的工作。一个有责任心的人必须把个人的利益得失放在一边。"

她紧紧地咬着嘴唇，满脸通红，一副无地自容的样子。

"孩子，一直以来你对班级工作都非常主动认真且尽心尽力，我感到非常满意。今天的失误我不想怀疑你的诚信，我觉得大部分是因为你的心不在焉。但是，你知道吗？如果你是银行的工作人员，你把别人储存或借贷的钱多记了一个零或少记了一个零，所有的损失都得自己负责。如果你是飞机制造者，因为你的随意安装导致飞机少了零件，造成的事故你能负得起责任吗？"

后来，在微信上谈心时，她一再说："黄老师，我对不起您，谢谢您的信任与教诲，我会严格要求自己的。"后来，她工作更加一丝不苟，待人处事也更加真心真意，再也没有发生过弄虚作假的事了。最终，她用自己的努力重新赢得了大家的尊重与信任。

人非圣贤，孰能无过？何况是个孩子。他面对一些诱惑时，当然会表现得不理智，甚至会选择弄虚作假来获得所谓的荣誉。当学生在利益面前丢弃了更宝贵的诚信时，老师的宽容与引导是十分重要的。本人觉得：在面对孩子时，时刻以发展的眼光去教育，引导他们换个视角看待问题，说服他们退一步，以享受海阔天空任鸟飞的宽广……唯有如此，才有可能胜任自己的工作。

评析与拓展：

本则故事，讲述了一次计票事件的整个过程，最后谈及自己处理事件的感悟：作为老师，时刻以发展的眼光去教育学生，引导他们换个视角看待问题，说服他们退一步，以享受海阔天空任鸟飞的宽广。

基于以上案例的分析，笔者谈谈换个视角看问题的重要性。

第一，这是一种最好的自我安慰方式。一个人，一个世界，一个时期，都是非常不确定的因素，会顿时发生一些让您开心万分，给您带来这个世界最幸福的感觉，但也有时候，却发生很多意外，甚至已经快要属于您的东西，却付诸东流，伤心万分，如果不懂得换个视角看问题，那您就会陷入非常悲伤的境地，不可自拔。但如果您换个视角，这样看待这样的结果，就非常舒服啦！"这件东西，本来就不是我的，随他吧！"或是"失去的，不一定是坏事，得到的，也不一定是好事。也许这些就是所谓的命中注定吧！"

第二，这是一种最能理解别人的表现。我们身边，经常有些人得理不饶人，或是句句争理，把事情搞得满城风雨，天翻地覆，总觉得这样，才能显现自己的才华和风采，搞得大家不敢靠近您，不敢与您合作，更别说和您分享和交流啦！久而久之，变成了孤家寡人，或慢慢就感觉自己很另类，不合群，这就是典型的个人主义。但如果在您在理的时候，只是轻描淡写，给彼此一些空间的话，就会让人觉得您很会理解人，很会做人，很有素养，对比起来，哪个才是您喜欢的就容易很多啦！

第三，是一种最能收获幸福的途径。一句话说得好："心态决定幸福。"是的，您是否幸福，您的心态起决定性因素。一件不好的事情，既然发生了，就得去想办法处理，因为办法总比困难多，实在没办法圆满处理，那就竭尽全力把损失降到最低，这就是一种比较正常的处事态度。但如果不这样，转而换之的是，时时埋怨，天天处于后悔的心态，甚至把责任无理地推卸给别人，这样是没办法处理事件的。因为一个人在世上，不可能没事的，就看您怎么面对而已。积极面对，就会幸福美满，而消极面对，则伤心无比。所以，挫折，是我们一生的敌人与朋友。对于勇敢者来说，它是一块垫脚石；对于懦弱者来说，却是无底的深渊。

宽容别人，其实就是给自己留下更大的空间。只要我们能换个角度看问题，分析问题，就能得到自己心中想要的幸福，日常的生活和工作就会快乐无比。正如高尔基所说："工作愉快，人生便是天堂；工作痛苦，人生便是地狱。"您是想登上天堂，还是走下地狱，都是自己选择的结果。相信，每个人都渴望顺利登上自己的理想国，那就从现在开始，学会换个视角看问题吧！

34　暖暖的"贺卡"

梁丽群

每天清晨迎着朝霞出门，一路上花儿笑、鸟儿叫，一串串"老师，早上好"银铃般的童声，让我心旷神怡，一张张灿烂如花的笑脸，令我如沐春风，美好的一天就这样开始了。日复一日，年复一年，这就是我平凡又快乐的教师生活，有苦有累，有花有果，有香有色，陶陶然乐在其中。

静下心来，细细品味，无数个温暖又幸福的美好瞬间数也数不清，像纪录片一样历历在目。其中，最令我难忘的是画在黑板上的两张超大"贺卡"，那是孩子们踮起脚一笔一画描绘而成送给我的暖心大礼。这独一无二的"贺卡"在我心里就是无价之宝，每当想起，我的心里总是暖暖的。

温馨贺卡：依依不舍，难说再见

时光倒流回二十世纪九十年代。刚毕业的我幸运地来到向往已久的学校——柳州铁路第五小学，成为一名光荣的人民教师。这是一个充满爱的大家庭，在那里我体会到了成长的喜悦，感受到了在党旗下庄严宣誓成为一名中国共产党党员的光荣。那时的我，刚 20 出头，浑身洋溢着青春朝气，充满工作激情。课堂上，我是教书育人的老师，课下我是一个快乐的孩子王。我和孩子们一起玩游戏——跳房子、踢毽子、老鹰捉小鸡，是那样的快乐自在。课间的讲台边，放学路上，我的身边总是簇拥着一群叽叽喳喳的小淘气，是那样的亲密无间。不知不觉，我们一起度过了近五年的快乐时光。后来，我要到另外一个城市去工作。面对五年来朝夕相处的孩子们，我纵然心有万般不舍，但一时却不知从何说起。

临走前那个学期末的一天，我照常去上课。我刚走上楼梯，突然发现几个小脑袋从教室一探头又很快消失了。我以为有什么事，便快步往教室里走。突然，一阵热烈的掌声有节奏地响起……我呆住了！我多年的好搭档班主任美霞老师，正站在教室门口笑眯眯地等着我。整个黑板打扮一新，"梁老师，谢谢您，我们爱您！"一排大字，非常醒目，黑板上画满了一张张笑脸、一颗颗爱心，整个黑板变成了一张美丽的超大贺卡！一瞬间，我的双眼已经模糊，一时什么话也说不出。这时，美霞老师给了我一个大大的拥抱。我用力地擦了擦眼泪，想跟孩子们说声"谢谢"。可一抬头，看见孩子们一双双哭红的眼睛，我居然在全班学生面前不争气地哭出声来。千言万语不知从何说起，我慢步走到教室中间，走过一排排的座位，依依不舍地拉起孩子们的手，拍拍孩子们的脸蛋，摸摸孩子们的小脑袋……这难忘的一幕，永远刻在了我的脑海里，变成了一张永恒的"贺卡"。每每想起，心里总是温暖无比，不争气的眼泪总在不经意间又一次朦胧了双眼。

快乐贺卡：欢乐六一，温馨再现

我告别了可爱懂事的孩子们，来到了湛江铁路中学。初来乍到，由于语言不通，加上有点水土不服，我一度有些彷徨。但不到一个月的时间，我渐渐地适应了新的工作和生活环境。这里，也是一个充满爱的大家庭，也有我熟悉的讲台，也有一群善解人意的好老师、好搭档，也有一群可爱的孩子们，我感到很幸运。

　　刚到湛江铁路中学，我就担任了一年级的班主任，一切从头开始。面对一群一年级的小淘气们，我像姐姐，又像妈妈。课堂上，我千叮咛万叮咛，孩子们似懂非懂，却也非常领情、给面子。第二课堂上，我跟孩子们一起做手工，一起摆拼盘，一块唱歌跳舞，教室里一片欢声笑语。在这个团结和谐的大家庭里，墙壁上有我和孩子们一起绘制的板报，窗台挂着我和孩子们一块培植的大蒜苗。在我眼里，孩子们不分三六九等，他们都能快乐成长就是我的最大心愿。

　　孩子们毕竟年龄小，有时免不了出点小意外，这时我便成了他们的保护神。有一次，淘气的小康在与同伴们玩耍中一头撞上玻璃，碎玻璃扎在脸上，满脸都是血，小康一脸惊恐。面对这个意外，我不免有点惊慌，但我是孩子们的老师，我必须镇定。我紧紧握住孩子的手，让他靠在我怀里，及时送到医院里治疗。在缝针过程中，他害怕得又哭又喊，紧紧抓住我的手不放。缝针到一半时，他爸爸赶来了，我才松口气。这时，我才留意到我衣服上沾有孩子的血迹。

　　转眼间，我跟孩子们朝夕相处快三年了。2003 年，全国遭遇"非典"疫情。那时发热的人，按规定必须在家隔离一周不能上班，我居然享受到了这个"福利"。从未请过假的我，在家里总是心神不定，牵挂着班里的小淘气们。而可爱又淳朴的小淘气们，也在挂念着我这位老师。每天家里电话总会传来他们的问候，天天都盼着我早日回到学校跟他们一起学习。终于，我熬到热退了，可以回到学校，回到孩子们中间了！记得那天正是"六一"国际儿童节，是孩子们的节日。我急匆匆地赶往学校，刚进校门，就被班里几个小淘气发现了。他们像欢乐的小鸟，叽叽喳喳地飞到我面前，拉着我的手，急忙把我领到了教室。一进教室，我一阵惊喜，呆住了：讲台上，插满了漂亮的气球；黑板上一行大字"欢迎梁老师！"被美丽的图案环绕着，整个黑板被装饰成了一张美丽又温馨的大"贺卡"。多年前暖心的一幕重现，顿时，一股暖流涌上心头。我鼻子一酸，心头一热，情不自禁地又一次泪目了。啊，我可爱的孩子们，谢谢你们！那是一个快乐的"六一"儿童节，我们一起欢唱、一起游戏。多年来，这张美丽又温馨的大"贺卡"，至今仍萦绕在我的脑海里，总是那样的清晰。

　　高尔基说过："谁爱孩子，孩子就爱谁。只有爱孩子的人，他才可以教育孩子。"从走上讲台第一天起，我就用这句话来鞭策自己。爱，如春花灿烂，沁人心脾。在这播撒爱的事业里，我只付出了一点点，孩子们却给了我很多很多。一幕幕暖心的美好瞬间，又岂是只语片言所能表达的。时间荏苒，改变的是岁月，不变的是那永恒的初心。在我眼里，孩子们就是一朵朵绚烂的花儿。我愿把爱的牵挂化作和风细雨，润物细无声般地去陪伴和享受与孩子们一起成长的美好时光。

评析与拓展：

本则故事，梁老师用优美的语句，动情地给我们讲述了两张"贺卡"的故事，非常感人！同时也向我们阐述了她的感悟："谁爱孩子，孩子就爱谁。只有爱孩子的人，他才可以教育孩子。"

基于以上的案例分析，可以这样说：爱孩子就得走进孩子的世界。下面，笔者谈谈如何走进孩子世界的三点策略。

第一，参与孩子们的活动。我们和孩子们的关系，既是老师，也是朋友，又是合作伙伴。孩子的世界非常精彩，但与我们却不在同一个平台上，怎样走进他们的世界呢？那就得低下身子，参与他们的日常活动。像故事中的梁老师一样，和孩子们玩游戏，做手工，摆拼盘，唱歌跳舞，做孩子们的伙伴、"大姐姐"、"孩子王"，通过活动，拉近彼此的距离，享受合作、共同活动的快乐！

第二，用心和孩子们谈心。人与人的交往，从心开始。没有心就没有可持续性，更没有效果可言。我们的孩子，虽然年纪还小，但机灵得很，敏感得很，您的一举一动他们都看在眼里，记在心上，只是孩子们不说而已。如果您是用心和小孩促膝相谈，谈学习，谈生活，谈历史，谈见闻，分享我们的故事，学生能不喜欢您吗？孩子喜欢您，那您就能走进他们的世界。

第三，记住孩子们的事情。这一点，很重要。平时最让我们感动的事情，不是对方给予我们多少，而是对方心中装有我们。比如孩子身体不好，我们时常给予关心；孩子的家人有困难，我们经常过问；孩子的生日，我们送张贺卡，等等。记住孩子的这些事情，孩子也会记住您的好。在彼此相互的关怀中，我们就会很自然地走进彼此的世界。

35　静待花开也是爱

黄雪丹

人们常说："教师是太阳底下最光辉的职业"，可谁看到被太阳蒸融了的泪水；人们常说："教师是园丁，培育了满园桃李"，可又有谁看到园丁挥洒汗水在默默耕耘，付出了芳华，换来了银发，却是在静待花开。我，正是那无数静静等待的一员。

我是学校的一位普通老师，教着平行的班级，一群活泼而又普通的孩子，如果不谈学习，每个孩子都是天真无邪，萌萌哒，棒棒哒。可一谈到学习，咱班的易同学就像被霜打的花儿，蔫蔫的。瞧，作业布置了，她开始玩弄手中的笔，一会又轮到了藏在桌子下的小玩意儿。随着老师的一声："你啥时候可以动笔呢？"

她才不情不愿地拿出笔画一下，然后又盯着手指头。一个小时过去了，两个小时过去了……下课铃响了，放学铃也响了，她趁着老师不留神，脚底抹油溜走了，没有一天能交作业。上学期，更是不知道受了什么刺激，她整天拿着小刀在手上比划，东划道细痕，西留条印记，然后提醒我："老师，这段时间不知道干嘛，我回到家脾气变得很暴躁，总想用刀划自己。"亲娘啊，我的小心脏被吓得差点停止跳动，赶忙悄悄联系家长，了解她在家的动向。每次发现一点蛛丝马迹，家长都如临大敌般地打电话给我，让我去做她的思想工作。这回，我真的成了心理辅导老师了，为了分散她的注意力，帮她排解不良情绪，我尽力找无关学习的事情让她去做，比如帮班级拿牛奶，帮忙登记乱丢垃圾的同学，帮我拔日益见多的白发，等等。她不愿意学习，但口才还是一流的，对我的疑问也尽力解答。或许她发现我不再叫她留堂写作业，话还是蛮多的。学校的心理辅导老师也说她应该是懒得学习，思想应该不算偏激。就这样，我改变以往急躁的情绪，耐心、主动地与她沟通，与家长见面谈，电话聊，终于在期末考试前不再出现拿刀比划的情况了。这时候，我才敢开口："期末考试，你可以不弄 18 分给我行不？我怕伤心吃不下饭，到时候满头白发会很丑的。"她笑了会儿，说："我尽量吧！"期末考试到了，她把会写的字都写上去了，把阅读的短文改头改尾写到作文去了，最后拿到了 38 分。我在班级总结会上表扬她："有进步了。"这花看来是开了一个花瓣了，虽然比起其他孩子，38 分并不是一个值得表扬的成绩，但对于一个两小时写两行字的孩子来说，这意味着一种转变。

这学期，我们又开始了每日一朗读的微信作业。开始时，易同学不愿意读书，我发现这个情况后，大力在微信群表扬读得好的同学，又在班里不遗余力地说："我发现长得漂亮的女生读书特别好听，让人听了耳朵都要怀孕了。"全班同学哄堂大笑，这时，她偷偷跟我说："老师，你觉得我长得漂亮吗？"我回答她："读书动听的女生都漂亮。"花季少女啊，谁不爱漂亮？晚上，班级微信群里，开始听到了她的朗诵，开始时结结巴巴，后来，慢慢流利起来，最后，学习其他同学，也读得有感情了。花瓣呀，又开了一瓣。

就这样，慢慢地教，慢慢地学会欣赏，静待花开吧！虽然这朵花离怒放的日子还很漫长，很漫长。

评析与拓展：

黄老师生动地向我们讲述了易同学学习生活中的两件事，充分体现了教师工作的一大特性——耐心。

是的，教育不是一朝一夕之事，绝不会呈现大家所期望的那种立竿见影的效果，都需经历一个过程，甚至是一个很漫长的过程；教师需要有一颗静待花开的心，不管我们身边这些花朵离怒放的时间还有多长。

基于以上的案例分析，笔者谈谈教师的心。

第一，这颗心是有爱的。我国著名教育家夏丏尊说过："教育没有情感，没有爱，如同池塘没有水一样。没有水，就不能称其为池塘；没有情感，没有爱，也就没有教育。"诸如此类的名言警句，强调了我们作为一名教育工作者，要努力使自己拥有一颗"爱"的心，爱学生、爱学习、爱工作、爱同事、爱祖国，用我们的博"爱"，感染我们的学生，推动我们学生向前迈进；用我们的灵魂，感化我们的学生，使其心灵纯洁。

第二，这颗心是无私的。我们教师被比作蜡烛，燃烧自己，照亮别人。这确实是我们好多一线老师的真实写照。平日里放着家庭不理，孩子高烧不退还坚持在讲台上激情授课，自己病魔缠身还坚持等到中考结束才肯上手术台，这些就是典型的无私。他们心中装满了学生，时刻牢记自己的教育使命，这样的老师，学生、家长怎么会不喜欢呢？

第三，这颗心是青春的。我们的孩子，在这一阶段，最显著的特征，就是青春活力。我们只有永远保持一颗青春的心，方能走进我们的学生世界。俄国哲学家车尔尼雪夫斯基曾说："教师要把学生造就成什么人，自己应该就是这种人。"这说明，当我们有一颗青春之心时，才会理解学生的青春之举，才能保持我们身上的纯真和美丽，为我们的教育生涯留下更多美好的回忆。

第四，这颗心是阳光的。俄罗斯象征主义诗人康斯坦丁·巴尔蒙特讲了一句非常大胆的话："我来到这个世界，为的是看太阳和蔚蓝色的原野。"这是伟大诗人的心境，作为老师，也应该有一颗这样的心。孩子是纯真、无瑕的，需要我们去塑造、去引领。这个过程，有时很快，给彼此带来预期的成就感，但有时却遥遥无期，这就需要我们有一颗阳光的心。静待花开的心境如诗人康斯坦丁·巴尔蒙特所说一般，"我来这个世界，就是为了看太阳和蔚蓝色的原野，看我们每一朵在原野上生长的花朵争相怒放。"

总之，我们是最直接影响孩子成长的人，希望大家都怀有一颗关爱心、无私心、青春心、阳光心，润泽我们祖国的每一朵美丽的花，让我们的花朵绽放得更加灿烂。

36　巧"斗"调皮学生

葛增胜

教书 15 年，我竟当了 11 年班主任，算得上班主任岗位上的"老油条"了。目前，许多老师嫌辛苦而不愿意去当班主任，而我却一直热衷于班主任这项工作，并且乐此不疲！

作为一个青年男教师，我天性活泼，爱好广泛，平时热衷于与"调皮仔"(顽皮的学生)玩耍，所以，学校也就投我所好，经常会把一些纪律不太好的班给我带。而我也很少让学校失望，无论多难搞的班，在我调教一段时间后，班风学风都会或多或少有所好转。我的秘密武器就是——借力打力。因为我念大学时，选修了一门武术——太极拳，我深知太极拳以柔克刚、四两拨千斤的原理。在走上教师岗位后，我也将这一武学理念移植到教学和班主任工作上来。

在电视剧《太极宗师》中，剧中男主角吴京有一绝招——"借力打力"，曾经令无数武林高手闻风丧胆。因为他能借助 A 敌人的力量去攻击 B 敌人，然后又将 B 敌人的力量移去攻击 A 敌人。这样借力打力，就能轻而易举化解对手的进攻，并达到克敌制胜的奇效。而我在班主任工作中也活用了这一招。

前几年，我接手了一个当时全校比较出名"难搞"的班——八(2)班。接手该班时情况是这样的：大部分男生目无纪律，课堂上吵闹、玩手机是"小儿科"，最严重的是他们成群结队地逃课，视纪律如"儿戏"！上过这个班课的老师无不摇头叹息，却又无可奈何。当我接手该班时他们已上初二，这正是中学阶段最叛逆的时期，许多同事都暗暗替我捏了一把汗！

但我这人天性就喜欢挑战困难，我愉快地接受了学校安排的工作。

《孙子兵法》有云："知己知彼，百战不殆。"在采取行动前，我先对该班进行了全面、深入的调查。终于找到造成该班动荡不安的两大"症状"：其一，男生们普遍精力过于旺盛，难以集中精神于课堂。其二，全班都服从于一个小头目——"吴老大"。说起这个"吴老大"可真是不简单，他长得人高马大，肌肉发达，站在同学当中如同一座铁塔，再加上他家庭富裕，出手阔绰，所以班上学生都尊称他为"吴老大"，学生们听他的话远胜于听老师的话。

事情已经很简单，只要压得住"吴老大"，就能够压得住全班调皮学生。但是怎样才能压住"吴老大"呢？经过我的明察暗访，我发现原来"吴老大"特别喜欢打篮球，他经常带一群男生逃课到校外，与外校球队 PK 球技。

经过深思熟虑，我在一次班会上郑重宣读《葛大班主任第一号令》：

本班将成立一支篮球队，以"吴老大"为队长，邀请体育组周老师为教练。

目标：先横扫本校初中全部班级球队，再约战霞山区各中学劲旅！

比赛奖金：由我葛大班主任自掏五百元作为冠军奖金。

比赛地点：本校初中部篮球场。

比赛时间：每周星期五下午的活动课。

训练时间：每天放学后，由"吴老大"带队训练不低于半小时。

"调皮仔"们一听，马上雀跃起来，激动不已，大呼万岁！

从此，"吴老大"像换了一个人似的，每天兢兢业业带篮球队训练，认认真真筹备比赛事宜，并且还绞尽脑汁去制订各种各样的比赛战术。这样一来，他再也没精力，也没时间带领学生逃课了。"吴老大"旺盛的精力得到了转移。

尝到甜头后，我又相继成立本班"乒乓球队"，"舞蹈队"，还有以我葛大班主任为总教练的"太极拳队"。通过这几招"借力打力"措施，我顺利将调皮学生的旺盛精力转移到健康的文体活动上来。这样一来，不但增强了本班的凝聚力，而且劳逸结合的方法也提高了学生的学习积极性，使班风学风焕然一新，课堂纪律得到根本性的好转，连学校领导和其他班老师看到后都连连称赞。

伟大领袖毛主席曾经说过："与天斗其乐无穷，与地斗其乐无穷，与人斗其乐无穷"，而我却说：与"调皮仔"斗亦其乐无穷！当然，咱们老师都是饱读诗书的文人，是品德高尚的人，所以，咱们老师要跟他们斗智，而非斗勇。

发挥老师的聪明才智，调教好一大群"调皮仔"，这既是人生的一种挑战，也是对自己的一种磨练。

评析与拓展：

葛老师启用自己的智慧，利用开展文体活动的手段巧妙转移了那些精力旺盛的"调皮仔"，把一个没人愿意带的班级不断扭转，成为大家心目中的好班，实属不易。个中付出的辛劳和汗水，也只有葛老师才能体会。

在故事的最后，葛老师道出自己的教育感言：与"调皮仔"斗亦其乐无穷！深刻提醒我们，在班级管理中，需要跟他们斗智，而非斗勇，以达到"借力打力"的效果。

基于以上的案例分析，笔者谈谈教师在教育工作中的智慧。

智慧，在《现代汉语词典》的解释是辨析判断、发明创造的能力。那么教师的教育工作智慧就是有效收集学生的表现情况，经过周密的分析，创新性地解决学生发展过程中所遇问题的能力。

如何才能做到有智慧地进行教育工作呢？下面试谈几点个人的认识。

第一，有分析问题的能力。任何一个班级都存在着或多或少的问题，亟待我们去梳理，去解决，这就需要我们有分析问题的能力。分析问题，是解决问题的前提，这一环节，决定了您后面采取的是什么策略，也决定了您采取策略的有效性。所以这一能力，是每一位教育工作者都应必备的基本技能。

第二，有创新处理的魄力。有了第一手材料，就生成各种解决的方案，有些方案不可行，有些方案治标不治本，而有些方案则颇具风险，但却具前瞻性，需要付出更多心血。这就考验您的智慧了，是应付了事，还是挑战自我，进行大胆的创新，形成自己管理的风格魅力。这一决定，需要我们有创新处理的魄力，不然就只会原地踏步，穿新鞋走老路，慢慢地就会陷入职业倦怠的怪圈。而当您大胆尝试了，效果就会截然不同。因为这一过程，就像啃甘蔗，只有咬开甘蔗皮后，才能尽情地享受里面的甜汁。

第三，有终身学习的目标。作为一名人民教师，我们需要树立终身学习的目标，因为学习是我们思想永远保持年轻的源泉。向书本学习，因为一本书将为您打开一扇窗；向朋友学习，因为选择一个朋友就是选择一种生活方式；向生活学习，生活才是我们的根，生活经验来源于生活，又服务于生活。在这样知识爆炸的社会里，试问："一位不读书、不思考、不研究、不实践的老师，怎么可能做到言之有物呢？"

第四，有总结反思的习惯。"教而不研则浅，研而不教则虚，研而不写则失。"我们作为教师，平日都在一线做事，有着诸多成功和失败，有时还出现思维的顿时灵感，这都需要我们及时进行总结反思，让它们以书面的形式留下来。通过书面的梳理与总结，我们自然而然对成功经验进行提炼，对失败之举进行反思，对顿时的灵感进行拓展，形成自己有效的实践理念，经过一段时间的积累后，自然而然就会得到质的飞跃，形成自己较为成熟的教育思想，进而影响他人。

做一位智慧型教师，是时代的要求，为了孩子，也为了我们自己。

37　"记功本"的魅力

赖迎春

某日，一位老教师找到我，神色凝重地说："我给你看条信息。"只见他打开手机微信，让我看一个群聊天记录的截屏。这是他一个朋友孩子所在班级的家长微信群。家长们都在指责班上一名调皮的小男孩。因为这孩子在班上经常欺负同学，不是打哭这个同学，就是踢伤那个同学，上课时还喜欢扯女同学的小辫子……因家长投诉多，班主任多次对孩子进行批评教育，但收效甚微。于是，家长开始在群里讨论如何教育(修理)这孩子。

这件事说大不大，说小也不小。家长畅所欲言，各抒己见，有的家长甚至出现了过激语言，要严惩这调皮的男孩。可孩子还小，简单粗暴的处理方式不利于他的成长，也会影响班级的稳定，必须及时处理！我首先联系男孩的班主任，了解清楚他平时在班上的表现，然后让男孩领着他妈妈来到我的办公室。

"报告！"哟，一个又高又帅，身着篮球服的小男孩站在我面前！我拿出一张A4纸，让他在纸上写出被他欺负过的同学名单。从他工整的书写和那双亮晶晶的眼睛，我感觉他应该是一个聪明的小男孩，并非家长眼中的"坏孩子"！望着他身上印有"×××篮球训练营"的篮球服，我好奇地问他："你很喜欢打篮球？""喜欢！暑假我在舅舅办的篮球训练营打篮球，开学后妈妈没空送我，就没有去。"通过与他妈妈的交谈，我得知他爸爸长期在澳门打工，妈妈平时也忙于工作，晚上经常很晚才回家，他的饮食起居基本由他奶奶照顾。他在学校经常欺负同学的事，父母也知道，甚至多次打骂，但这孩子仍旧改不了这坏习惯。从他妈妈的描述中，我明白了：当孩子犯错时，家长只是一味地打、骂，没有引导和教育孩子改掉坏习惯，学会与同学和睦相处！

于是，我与他妈妈商量，让她配合我做好两件事：

第一件，明天将被他儿子欺负过的同学家长都请来学校，让她儿子当着大家的面向所有被他欺负过的同学及其家长道歉，同时做出保证，以后不再欺负同学。

第二件，克服困难，坚持每周固定时间送他到舅舅的篮球训练营训练。

第二天，这位妈妈领着孩子到我的办公室，却没想到被他欺负过的同学家长一个都没到，并纷纷致电表示：只要孩子改掉欺负同学的坏习惯，一切都既往不咎。没办法，我只好把被他欺负过的孩子全都请过来，让他一一道歉。可是，仅仅用当面道歉和当面保证这种方法，孩子的坏习惯真的能改吗？这时，我突然想起我以前教育自己儿子的方法——"记功本"法。

那时候，我儿子还在读小学三年级，原来他也有点小毛病，为了鼓励他力争上游，我每天都在"记功本"上记录儿子表现好的地方，并奖励小红旗或小红花，后来我儿子表现得越来越出色！至今，这本记载着孩子童年生活的"记功本"还珍藏在我家的书柜里呢！

眼前这个男孩虽然道了歉，也认识到了自己的错误，但他更需要的是班级同学对他的认可。于是，我送给他一本漂亮的笔记本，在上面工工整整地写上了"记功本"三个大字。并告诉他，每天必须为班级或某个同学做一件好事，做完后就在上面做记录。每周一升旗仪式前拿来给我检查。周一到了，他拿着"记功本"忐忑不安地来到了我的面前。哟！这么多好事：有帮同学打扫卫生的，有主动捡起地上垃圾的，还有借学习用品给同学的……我拿起红笔，在本子上画了一面小红旗并写上评语，鼓励他："做得不错，加油！"利用班会课时间，我亲自到他们班询问了他这一周以来的表现。孩子们都反映：他这周没欺负过同学。"×××同学虽然以前爱欺负同学，但他已经向同学道歉了，现在他每天都为同学、班级做好事。你们喜欢这样的他吗？"我问道。"喜欢！"异口同声地稚嫩童音在教室内回荡……"我们给他一点掌声好吗？"热烈的掌声此起彼伏。"我相信，×××同学今后会更棒，老师也希望他能认真学打篮球，成为第二个姚明！"望着那孩子认真倾听的眼神，我感受到他得到老师和同学认可的喜悦。

"记功本"上有他每天稚嫩的笔迹，也有我每周精心的点评。一个学期下来，再也没有学生、家长投诉他，连班主任也惊讶："还是你有办法，改变了他！"我听后微微一笑："不是我有办法，而是孩子在成长的道路上难免会出现这样或那样的行为偏差，作为教育者的我们，有责任引导孩子走上正轨！"

"记功本"如春风化雨，浸润童心，起到正面引导的作用，让我体会到了教育的魅力！

评析与拓展：

赖老师生动地讲述了在处理一位有坏习惯的学生的全过程，并向我们推荐了一种比较有效的教育孩子方法——"记功本"法。这一方法，通过以上案例的证明，效果非常理想。希望大家能科学运用，高效服务我们的教育工作。

基于以上的案例分析，笔者谈谈在教育孩子时使用"记功本"法的效用。

第一，记录自己足迹。使用"记功本"，其实就是记录学生每天走过的足迹。通过记录，学生会慢慢发现，原来我一天可以做这么多事情，我还可以对这么多人产生影响。慢慢地，他就学会了反思，学会了辨别真伪好坏，这就是我们的目的所在。

第二，时刻提醒自己。"记功本"要求每天都要记录，甚至一件事情发生后，就得记录下，好的要记录，不好的一样要记录，慢慢就会发现自己哪些事情该做，哪些事情不该做，同时管理者还要定时进行督促，这样的话，效用就更加明显。因为在这一过程中，得到老师的鼓励与关注，这是孩子最渴望的，也能使教育效果最大化。

第三，练就记事习惯。好的习惯，是成功的一半。好的习惯一旦养成，会对人的一生造成影响，让我们从中受益。这一习惯，经过笔者的实践，真的可以说是有百利而无一害。截至目前，笔者觉得会产生以下几点作用。

（1）沉淀的作用。一天忙碌下来，经历很多事情，闲暇时静下心来，进行梳理，思维就会清晰很多，自己的决断也会合理很多。有句话说得很有哲理："再干净的水，整天摇曳，也会变得浑浊；再浑浊的水，让它停一停，就会变得清澈见底。"这其实阐述的就是这一作用。

（2）练笔的作用。现在做的是"记功本"，习惯养成后，就会慢慢变成记事本，或日记本，从每天一句，到每天一段，再到每天一篇，慢慢就达到练笔的目的。

（3）反思的作用。每天经历这么多事情，有对有错，有亮点，也有需要完善的地方，利用这一形式，进行有效的反思，对自己的行为进行科学理性的梳理，让自己不断地完善起来、高尚起来。

……

以上是笔者的浅见，仅以此共勉交流。

38 "倒霉熊"的故事

李 霞

记得那是一天下午放学后发生的事。

这个学期,班里刚转入一个叫小婕的小女孩,因为作业不会做,我决定留下她,帮她好好辅导一下。我和她面对面地坐下来正准备辅导她做题,突然从教室外传来了很着急的声音:"回家!快收拾书包!"我顿时愣了一下,往外一看,哦,是小婕的妈妈。我急忙迎上去向她说了小婕的情况,并说明了自己想无偿给孩子辅导的想法。小婕妈妈却不以为然,竟双手叉腰,瞪大眼睛看着我说:"补什么补,她要回家吃饭了!"我忙说:"现在才四点半,不着急吧?每天半个小时可以吗?"她好像生气了,嗓门马上提高了八度:"我感冒发烧了,现在头晕,怎么你老是找我家小婕?难道她是'倒霉熊'吗?补补补!"听到她这么一说,我当时气极了,天呐,到底谁才是"倒霉熊",遇到一个这样的学生和家长。本想跟她大吵一场的,但作为一名教师要保持冷静和大度,我竭力控制自己的情绪,连忙走开并深深地吐了一口气,走进了旁边的办公室。接着她气冲冲地拉起女儿离开了教室。

此时,我的心却久久不能平静,真是"狗咬吕洞宾,不识好人心"哪!好心没好报,今天的自己竟沦落为了"光头强",怎么办?难道就顺其自然,让这孩子自生自灭?教师的责任感使我不愿意放弃任何一个孩子。

九月的天空仍然那么蓝,那么高,可我的心情却感到无比的沉重。我决定找她的姨妈具体了解一下情况(小婕是姨妈千辛万苦才转来我们学校的):原来,小婕的父母已经离异,母亲独自带着她生活。母亲由于无法接受父亲已经离开这个家的事实,精神上可能出现了一些问题。小婕在原来的学校成绩不好,读了一年的书,拼音没有学会,十以内的加减法点着指头都算不出。

第二天,我把小婕叫到了办公室,她小心翼翼地走到了我面前,一直低着头,不敢抬头看我一眼。我想,也许是害怕老师吧,我该如何让她敞开心扉呢?我搬来了一把椅子叫她坐下,然后递给她几颗糖,拉着她的小手说:"别害怕,老师不会打你,也不会骂你,只是想和你说说话。"只见她用眼睛瞟了我一下又闪开了。我又说:"老师听说你很喜欢跳绳,并且蛮厉害的!"我竖起大拇指给了她一个赞。这时她点了点头,小声地说:"我一分钟能跳 100 下呢!""这么棒啊,下次老师和你比一比吧。"我笑着对她说。"好呀!"她露出了两个甜甜的小酒窝。

接着,她难过地对我说,妈妈经常打骂她,晚上打游戏总是开很大的声音,吵得她睡不着觉,她很想爸爸,希望爸爸能回来看看她。我思索了一下,微笑着说："好吧，老师联系一下你爸爸。但你要答应老师好好上课写作业，如果学习有进步了，爸爸就会回来看你的。"

从那以后，小婕在课堂上总是目不转睛地盯着黑板，认真听我讲课。两个星期后，语文单元测验竟然从原来的 15 分提高到 50 分，那个自卑得连头都不敢抬的小女孩露出了久违的笑容。我与小婕爸爸积极沟通，小婕终于见到了日夜想念的爸爸。

现在每每回忆起这件事情，我就想：人世间，原本就有幸运与不幸之别。我们做老师的，能给予孩子的不应是简单的同情，而是平等的尊重，让弱小的孩子找到宁静的人生港湾。

评析与拓展：

本则故事，情节颇具代表性，反映了离异家庭的不良现状。在讲述中，李老师也分享了自己的教育理念：人世间，原本就有幸运与不幸之别。我们做老师的，能给予孩子的不应是简单的同情，而是平等的尊重，让弱小的孩子找到宁静的人生港湾。

是的，孩子是无辜的，那些事情都是大人的事，但却又无情地转嫁到什么都不懂的孩子身上。这类事情，社会上有很多，鉴于此，笔者谈谈作为这类孩子的老师，我们该如何处理？

第一，了解情况。凡事，准确而具体地了解情况，非常重要。这是您熟悉学生，为日常工作做足准备的前提，不然，就可能会出现适得其反的教育结果。

第二，给予关怀。对于这类小孩子来说，教师的关心，就变得更加迫切啦！普通的孩子，在生活中得到父母和亲人的爱，且还有撒娇的机会。而家庭遭遇变故的孩子却很难有这样的条件，哪怕想撒一下娇，可能得到的并不是关心和安慰，而是一通责骂或一顿殴打，所以我们的关怀就显得弥足珍贵。

在这样的孩子身上，我们给予他们的关怀，能修复他们受伤的心灵，为他们的健康成长保驾护航。在这则故事中，如果没有李老师的关怀，这位孩子可能会永远这么羞涩下去，"阳光"离她就越来越远，后果难以想象。

第三，争取父母参与。对于孩子来说，父母的爱，是打开他们心扉的钥匙。对于这类家庭的孩子，了解情况后，可以有针对性地、有选择地争取父母们在某些事情上的参与，弥补孩子日常所缺失的爱。比如今天孩子进步了，我们可以联系家长，沟通好之后，对孩子进行当面或电话表扬，让孩子感受到老师的关心，父母的关心。又比如参加某次活动时，他获得了荣誉，我们可以联系孩子的爸爸，通过便捷的方式，给予一定物质的奖励，让孩子感受到不在身边的爸爸，依然是可以停泊的港湾。

39 优等生的弱点

李玲玲

在多年的教学工作中，我发现一些学习优秀的孩子虽然表面坚强独立，但内心深处往往会特别傲，偶尔显得特别脆弱。究其原因，很可他们的成绩在众多孩子中出类拔萃，这自然而然为他们赢得了鲜花和掌声。为了保持自己的领先地位，他们更加刻苦。然而，在漫长而艰苦的学习旅程中，谁能不经历失败？一次考试的失利，一次老师的善意批评指正，往往会把这些一直被掌声包围的宠儿推向崩溃的边缘。如果这时孩子没能得到及时疏导，他们往往会走向极端。只要稍微留意，就会发现诸如"某著名高校的研究生因导师评价其论文有不足继而跳楼自杀"等报道。每次看到这样的新闻，我总忍不住叹息：这些高才生极有可能就是因为小时候经历失败和挫折时没能得到师长及时而有效的疏导，以至于他们没有任何抗压能力，最终导致今天这一幕幕悲剧的发生。

其实在我们的身边，也不乏这样自傲而脆弱的孩子。在短短的几年班主任生涯中，我就碰到过这样一个让我记忆犹新的女生。小青一直是班里的佼佼者，尽管性格内向，很少主动跟别人交往，但优异的成绩仍为她赢得了同学们的信任与友爱。然而，在一次数学测验中，在不少同学都得了 100 分的情况下，她只得了89 分。那一天，据所有的任课教师反映，她是趴在课桌上度过的。就在当晚 8 点，她母亲给我打来电话，说小青回家后一直在哭，连饭也不肯吃。身为数学老师与班主任的我意识到事情的严重性，放下电话，立马赶到她家。见到小青时，她正在抽泣。于是我在她身边坐下，轻轻揽过她，告诉她我能体会她的心情，并且知道她是因为什么而难过：第一是担心老师会因此而认为她不再聪明，不再是优秀生了；第二是担心同学会因此改变对她的态度，不再仰慕她了。几句话一下子说到她心坎里去，她哭得更加厉害了。为了证明她的担心是多余的，我现身说法：小时候，我也碰到过类似的事情，当时我自作聪明地认为在老师的心目中，我跟班上的学困生没什么两样了，就像老师对他们说的"简直是笨到了极点"。因此在流泪过后，我变得破罐破摔，上课睡觉，作业也是随便应付。后来我父母找我谈心，告诉我"只要是有思维能力的人都知道，一个人的智力是不会因为一次考试的失败而改变的，只要你还像以前一样认真学习，在老师和同学的心目中，你永远都是最棒的。"当时的我将信将疑，学习又恢复到了正常的状态。但我很注意观察老师和同学对我的态度。果然如我父母所说，除了我自己，根本就没人记得我曾经考过如此低的分数。直到现在我也当上了教师，我才更加明白，考试分数的高低并不如孩子们想象中那么重要。一个学生在老师、同学心中的印象是由他一贯的表现来决定的，绝不会因为一次考试的失败而改变。听到这里，小青停止了哭泣。"至于同学们对你的看法会不会像你所想的那样已经改变了，"我趁热打铁，"我建议你从明天起多主动去跟同学交往，相信你会有所感受的。"第二天课间，在我的眼神鼓励下，小青主动加入同学们的玩耍群体中去了。远远的，我只听到孩子们的欢呼声："噢，小青也来跳绳咯，我们让她先跳。小英，你下来嘛，让小青先跳！"隔着玻璃窗，小青向我投来了羞涩的一瞥，笑了……我想，这肯定会成为她今后面临更大挫折时的美好回忆。

孩子是家庭的希望、祖国的希望，所以，在我们给孩子准备的行囊中，千万别忘了交给他坚强、勇敢、豁达，别忘了教他怎样承受痛苦。跌倒未尝不是好事，失去未必不是得到，流泪也未必不会幸福！

评析与拓展：

李老师用通俗的语言，向我们讲述了一位优生走不出失败的阴影后，经过老师的开导，得到释放的故事。这则故事提醒我们：作为教师，作为孩子的家长，"在给孩子准备的行囊中，千万别忘了交给他坚强、勇敢、豁达，别忘了教他怎样承受痛苦。跌倒未尝不是好事，失去未必不是得到，流泪也未必不会幸福！"

是的，这一现象，在优等生身上表现得非常明显，可以说他们已习惯在鲜花和掌声中成长，偶尔的失败可能就会对他们造成非常严重的困扰。其实这也是我们作为教师和家长更加应该重视的领域。

基于以上的案例分析，笔者试谈优等生遇挫后，我们应采取的几点策略。

第一，及时沟通、开导。有些人遇到失败后，他就会非常理智地进行自我安慰，自主调节，很快就走出了阴影，重新进入崭新的生活。如果发生在学生时代，特别是小学阶段，孩子需要外力的辅助才能恢复自信，不然真的会造成难以预料的后果。我们作为教师，遇到这类事件后，必须与学生及时沟通，关注学生的学习和心理状态，根据影响的轻重、学生的特点，进行合理的心理引导，帮助学生尽快走出失利的影响。不然，等孩子的一切都下滑到极点的时候，才开始行动，就为时已晚！

第二，持续关注、关怀。这类事情的发生，主要是心理层面的问题，他需要一小段时间，或一个过程方能缓解。鉴于此特点，我们需要对事件进行持续的关注，审时度势，精准施策，根据事件的发展情况，进行有效的关怀，甚至需要搭建个性平台，让我们的孩子重拾信心，回到原来正常的学习成长轨道上来。如果只是一阵风、一场雨，没有像李老师一样进行后续的交流和关注，效果就会大打折扣，所有的努力就会前功尽弃。

第三，争取家长的配合。孩子的教育是多元化的，现如今讲得最多的是，教育应当是社会、家庭、学校三位一体的。所以孩子的教育，离不开家长和社会的参与，否则很难形成教育合力，影响教育效果。学生的失败，会非常明显的表现在脸上，家长们需要学会察言观色，及时与老师进行交流与沟通，寻求解决问题的方法。

人生总会有低谷和高峰，家长和老师真的需要对学生的心理健康给予更多的关注，保证孩子健康成长。

40 默默地"站"着，就十分美好

陆红映

夜深了，但仍能陆续收到学生祝我生日快乐的信息。

他们是今年刚毕业的初三学生。

他们说：老师，天冷了，要添衣喔！

他们说：老师，要记得每天微笑哟！

他们说：老师，我们很想你啊！

一时间，感动的眼泪不禁地掉了下来。

其实，他们并非是特别聪明的孩子。他们性格普遍文静，内向，不善言辞，基础又差。记得初中入学摸底考试中，仅有一位考到 280 分。他们害羞得近似木讷，但又自以为是。办公室与教室仅一步之遥，可就是没有一个人敢走进来。七年级时我要上一节公开课，因他们各嗇开"金口"，不吭声，不配合，使得整个课堂沉闷而枯燥，这让我第一次见识了他们善良的"诚实"。心底里甚至对他们有一丝怨恨。

但是他们又是懂事而可爱的。

班长罗琦不知通过什么途径，竟然知道了我的生日。那一天，他们偷偷地订了生日蛋糕，在教室里布置了彩带。最后一节课，当我走进教室时，音乐响起，全班一起站了起来，顿时，我的周围飘洒了许多亮闪闪的彩丝，那犹如星光般的东西连同他们的祝福一起落在了我的心底，瞬间抹去了所有的不平。

三年来，我和他们一起努力，一起成长。他们变得成熟懂事了，性格也悄悄发生了变化。他们勇敢、大方、活跃，演讲、诗朗诵、谈感受，都能拿得出手。他们能够独立主持许多的班会活动，有的甚至在学校汇演中成为最受欢迎的主持人！就连当初不怎么招人待见的"捣蛋王"——林帅，在毕业联谊会上竟主动请缨当主持人。

三年的磨炼，练就了他们顽强的拼搏精神，也增强了他们的自信心。他们参加各种比赛，不论是学习，还是运动会，或者其他的活动，永远拿年级第一！

他们是阳光的孩子！

也许是基础太差的原因，也许是今年中考改革的原因，或许根本就是我这个"老班"没带好的原因，反正他们这一届是我执教以来中考考中率最差的一届！

于是，怀疑、责备、嘲讽，甚至批评，犹如汹涌的浪潮，时不时在心里涨落，它时刻提醒我：你是教师！你是教师！有一句所谓的名言说，"没有教不好的学生，只有不会教的老师"。二十几年的教龄啊，我真的不会教了？心里除了惭愧还是惭愧！作为教师，我们都知道分数的重要，可是那比分数更重要的，我们怎么敢忘记？比如身心健康、正直、勤勉、感恩、勇敢、顽强……

自认为，我的学生做人是合格的，学习成绩暂时差一点，又有什么关系？他们有着认真的劲儿，有着良好的素质和习惯，将来在社会上做什么不能成功呢？

夜很深了，窗外飘着丝丝细雨。心里依然感慨，什么样的回忆都会随着岁月的流逝而变得模糊，但如果有种温暖时时向我靠近，这是不是人生一种幸福呢？特别是"冰冷"的今夜。

心释然了，我们可以放弃外界对自己的评价，可以放弃对结果的企盼，唯独不能放弃内心的平静。只有归于平静，甘于寂寞，才能重新听到自己的心跳声。

很喜欢顾城的诗，"草在结它的种子 / 风在摇它的叶子 / 我们站着 / 不说话 / 就十分美好。"

教师的人生就是站。站，就是一种坚守，坚守自己的信念，哪怕不那么惊天动地，哪怕默默无闻，与世无争，不也十分美好吗？

评析和拓展：

陆老师用优美的语言向我们讲述了某届学生中所发生的各种值得回忆的故事，他们可爱、懂事、阳光，让老师感受到自己的存在，哪怕面对不被认可的中考成绩。最后陆老师向我们分享了自己的工作理念："教师的人生就是站。站，就是一种坚守，坚守自己的信念，哪怕不那么惊天动地，哪怕默默无闻，与世无争，不也十分美好吗？"

基于以上案例的分析，笔者谈谈我们教师的那份坚守。

为我们的教育信念而坚守。信念，是一个人勇往直前的指挥棒。众所周知，通向人生目标之路千千万，但大家都怀着自己的信念前行。这个信念由于信仰的不同而有所差异，同时也会由于工作性质的不同而略有不同，但作为一名人民教师，笔者认为，我们的教育信念应是德高为师，身正为范，坚持做最好的自己，以满腔的热情投入祖国的教育事业。

为我们的深厚情感而坚守。感情是培养出来。感情一旦形成，就要竭力去坚守，因为真的不容易。这一点，我引用一下形容爱情珍贵的名句："十年修得同船渡，百年修得共枕眠。"感情为什么有着如此的魅力呢？那是因为缘分让我们相遇，经过彼此的交心、共筑后，方形成世人羡慕的师生情、同学情，这是有别于亲情的另一种纯洁之情，是一种人世间最没有功利性的感情。我们日日交流，天天进步，在彼此的成长路上都付出了真情，献出了真爱，能不坚守吗？

为我们的共同目标而坚守。为人师者，没有一位不是为了孩子。"一切为了孩子，为了孩子的一切"这一目标，让我们的老师们哪怕忍辱负重，都会坚守自己的本职工作；哪怕饱受社会质疑，我们依然在三尺讲台上播下希望的种子。这些都是为了我们共同的目标——"孩子茁壮成长"而无条件地坚守。

坚守，是一个人的修养体现，坚守，是一位教师的执着追求。希望我们的坚守，能结出累累硕果。

41　育人先要育家长

梁　慧

不经历风雨，长不成参天大树，不经百炼，难以成钢。是呀！一个孩子不经历点风风雨雨，又怎能长大成才呢？但在老师的教育生涯中，解决孩子问题，特别是孩子间的摩擦问题，既需要老师的智慧，更需要家长的配合！可是有些家长却只关心自己的孩子是不是吃亏了？造成我们处理起事情来很棘手。

事情要从去年12月的一天说起，那天天气很好！下午刚好去别的学校参加排球比赛，回到学校都已经5点多了，我打开手机一看，有三个未接电话，急忙回电。电话接通，还来不及问，对方就像放鞭炮似地质问："老师你怎么不接我电话，小孩被同学打了，你知道吗？小孩哭着打电话给我了，你赶快去看看。"听到这种命令式的说话方式，我真的很不爽。但还是压住火告诉她："别着急，慢慢说。我刚回到学校，已经放学了，我找人看看孩子是否还在学校？如果不在，明天早上我了解情况以后，再解决，好吗？"

挂了电话，我在操场找到了一个孩子，叫他去操场找这两个当事人，找到了一个，并且是受害者，我了解了一下。原来是后面的小源把一个瓶子放在桌面上，由于板凳没有靠背，她靠桌子的时候把小源的瓶子碰到地上了。瓶子外表有些损伤，她却没道歉。小源一生气就拍了她的手，当时她觉得自己被打委屈了，班主任不在，就直接打电话给妈妈了。我了解事情的经过，再看看她的手，没有什么问题，说了几句安慰她的话，她高兴地离开了。

本以为事情在第二天早上再处理一下就结束了，没有想到当天晚上，家长还是一意孤行把孩子的手拍了几张照片发到微信群里，质问小源。了解到小源已经向她的孩子道歉了，她还这样不依不饶，我非常生气。私聊她："我下午已经答应你明天问清楚再处理，你为什么还要这样做？并且对方已经向你孩子道歉了。信不过我，你明天亲自到学校处理。本来小孩有时打闹一下属于正常的！都有不对的地方，要弄清楚原因，你这样兴师问罪，考虑过以后同学还敢和你的孩子玩吗？"

她居然回信息说，是孩子发的照片。遇到这样的家长，我无语了。第二天一早来到教室，我还没有找，她的孩子就悄悄地拉我到一边说："老师，我给小源和其他几个女同学苹果，她们不吃，丢垃圾桶了。"很明显，她觉得自己做得不对了，主动和好。而同学这样做，她很受伤。我说："昨晚人家都跟你道歉了，你还不依不饶，又是发图又是骂人，人家多伤心呀。你想过吗？如果人家这样对你，你会舒服吗？如果你真心想和别人做朋友，就不要和别人斤斤计较。"她明确告诉我："老师，图不是我发的，我也叫妈妈不要发，她不听。"我让她回去把同学不吃苹果的事告诉妈妈，最好让妈妈来一趟学校。

事后，我在班上教育孩子做事一定要敢于承担责任，同学之间会产生摩擦，发生事情不要怕吃亏，要实事求是地向家长反映。主动吃亏，别人看到你心胸开阔才愿意跟你交朋友，才敢跟你玩。

下午，她妈妈给我发了一条信息："老师辛苦了，昨天是我太冲动了，是我不对，我在这里说声对不起。知道你是一位很好的老师，多余的话我也不说了，大家没事就好。"

家长本来是孩子人生路上的指路灯，平时的教育方式和生活态度都能影响孩子健康成长。对待不负责任的家长，我们要动之以情，晓之以理，用正确的方式告诉他们，家长要控制好自己的情绪，给孩子树立一个榜样，得饶人处且饶人。

在学校教育中，我们越来越体会到老师的艰难。现在的家长总怕自己的孩子吃亏，更有一些人，借一些小伤发小财。真的希望还教育一片净土，在学校的教育中不仅给老师立规矩，也要对家长立规矩。

评析与拓展：

梁老师用平和的语言向我们讲述了班中两位学生发生冲突后，家长的介入造成无谓的紧张局面。从中给我们分享了事件处理的心得体会：家长本来是孩子人生路上的指路灯，一言一行都能影响孩子健康成长。对待不负责任的家长，我们要动之以情，晓之以理，用正确的方式告诉他们，家长要控制好自己的情绪，给孩子树立一个榜样。

基于以上的案例分析，笔者谈谈家长的教育对孩子成长的影响。

第一，家长是孩子的第一任老师。我们经常说，家庭是孩子的第一所学校，家长是孩子的第一任老师。孩提时，家长全天陪伴，从语言学习、行为示范到习惯养成都是家长教育而成的。这第一任老师，非常重要，直接影响到孩子们的语言是否标准、行为是否活泼可爱、习惯是否良好。

第二，家长的行为习惯就是孩子学习的榜样。孩子在家的时间比较长，上学前基本都待在家长的身边，家长言行就是孩子学习的"榜样"，讲卫生的家长，会影响孩子养成讲卫生的习惯；爱读书学习的家长，会影响孩子学习习惯的养成；性格急躁粗暴的家长，孩子也会养成相似的性格特点。很多时候孩子在家长的影响下形成了一些不好的习惯，家长却仍不自知。正如《孔子家语》中的一句话："与善人居，如入兰芷之室，久而不闻其香，则与之化矣。与恶人居，如入鲍鱼之肆，久而不闻其臭，亦与之化矣。"

第三，家长的处事风格会直接影响孩子的三观。就以梁老师这则故事为例，家长的紧张、急躁以及表现出来的过度"保护"，会让孩子觉得妈妈"特别"关心我，家长紧张，我就能得到老师"特别"的照顾。所以作为家长，在处理孩子的事情时，一定要明确事情的起因和经过，本着宽容、大度的原则来处理与其他家长的矛盾。家长不能老想着"我不能吃亏"，搞得满城风雨，害得自己的孩子不能和谐地融入班集体中，这样对孩子的心理健康以及价值观的养成都会产生消极的影响。

总之，家长的教育，会直接影响孩子的成长，希望我们高度重视。别把孩子带歪了，才后悔自己当初的行为。

42　赏识与鼓励

梁华娟

2012 年的秋季，我接了一个九年级的班，并当班主任。这个班在之前已经换过五个班主任了，我是第六个。据说是"牛头班"，前面的五个班主任有四个都是被气走的，所以无人愿意接这一摊，即使这样频繁的轮换，这批"牛"都没有改变的意思。接班之前我了解了一下班级情况，班里有一个"牛头"，屡次带头与班主任大吵大闹，甚至拍桌子对骂，班级纪律特差。其实对于这样具有挑战性的班级我也没有把握能够带好，只是怀着试试看的心理就接了下来。

因为其他老师在接班时，要么找"牛头"谈话，要么直接批评他，我觉得他被贴上了标签，太被重视了。接班时我直接把"牛头"忽略掉，不找他谈话，不批评他，只在暗处观察他。我上第一节课时说："我刚接班，希望我们一切从头开始，在我心里你们都是我的好孩子，希望我们在将来的学习生活中能够共同努力，共同进步！"讲完这句话之后教室里面非常安静，学生们都注视着我，我知道我的话起到了一点作用。

在接下来的日子里，我对他们的每一丁点进步都给以予表扬和鼓励，班级纪律也越来越好，但这样平静的日子过了两个星期，适应期过后，"牛头"开始无聊，便蠢蠢欲动了。我决定给班级"换血"，推选新的班干部，特别在布置班干部工作的时候，也给"牛头"一项任务。我知道他有义气、好胜心强，并且可起带头作用，所以我给他一个特殊的任务，当我的"保镖"，当好了有奖励，但我没说怎么当。下课后他便来找我说不懂怎么当，怕影响我。契机又来了，怕是好事啊！于是我对他说，当不好不要紧，只要他愿意，我会帮他。接着我提出了对"保镖"的初步要求：必须对班集体忠诚，配合我管好班级，课前课后帮我提录音机或拿作业本等。他说不能保证天天都能做到，但可以试试看。多么谦虚而实在的回答，于是我抓住机会，对他说："你是个比较成熟的孩子，我对你的回答非常满意，是条男子汉，做不到的事情不轻易答应别人，答应了就必须做到，这是做人的基本准则。我需要你这样的助手，老师相信你！大胆干吧！如果遇到困难或烦恼，尽管跟我说，我一定帮你。"听后，他微笑地说："好！谢谢老师的信任！"从此，他对我所要求的工作完成得越来越好，并主动帮我管好班级纪律和卫生，成为我的得力助手。

后来的工作虽然有不少波折，但却取得了非常好的效果，我的工作得到了全体同学的认可，获得了他们的尊重，这群孩子的"叛逆病"也慢慢消失。我们班无论在纪律卫生，还是在学习成绩上都有了极大的进步，被评为优秀班集体。

这是我的真实教育故事。当你把一个孩子当成无赖时他便是无赖，或者他不是无赖也会变成无赖，而你把他当成宝贝，他便会向着你的期望发展，就看老师怎么引导，人各有异，需对症下药。

评析与拓展：

梁老师向我们讲述如何"擒贼先擒王"，把一个"牛班"慢慢转化为优秀班级的故事，并分享了自己的管理心得："当你把一个孩子当成无赖时他便是无赖，或者他不是无赖也会变成无赖，而你把他当成宝贝，他便会向着你的期望发展，就看老师怎么引导，人各有异，需对症下药。"

基于以上案例的分析，笔者谈谈"有为才有位"和"有位才有为"的个人认识。

"有为才有位"。在成人群体中，我们为了鼓励各位鼓足干劲，在各种场合的干部会议上都会讲到"有为才有位"。确实是，在现实的成人工作中，为了选拔合适的人到相应的领导岗位任职，相关部门都会根据每个人的业绩情况，进行各个层次人员的民主推荐，各层次领导班子的研究讨论，甚至要进行公开竞选，旨在把大家认为有作为的人选，或更加适合本单位的人选安排到相应的岗位，以便更加高效地服务各个单位。其实这就是所谓的"有为才有位"。还有一种情况，就是在一个单位中，个别人工作突出，极具人格魅力，确实全心全意帮助单位完成任务，甚至创新性完成任务，从而取得单位领导的信任，继而委以更加重要的工作，在群体中有着较高的威信和地位，这也能说明"有为才有位"。

"有位才有为"。而对一些工作群体来说，刚好是倒过来，相当于"给我次机会，还你个奇迹。"特别是在教育"学困生"时，好多时候我们老师的做法就是调过来。为了扭转学生的行为习惯，根据其在班级的"影响力"，先给他安排个班级的管理岗位，让他有机会发挥作用，施展自己的专长，并且多数都能取得预期的效果。就如这则故事一样，这就是"有位才有为"。

"有为才有位"，还是"有位才有为"，两者没有对与错，就是一个统一体。在运用时，我们要根据实际工作的需要，合理选择，甚至可以循环使用，目的都是为了工作，为了挖掘成员的潜能，服务各类群体的高效运作。

43 妙用"分数"

梁 慧

有人说："老师最富有的就是分数！最能掌控的也是分数！"对此我深有体会。妙用分数，真的收获多多。

一个周五的早上，晨读是语文。我进入教室比平时晚些，目的是看看实行新规后，孩子们是不是读书早些，认真些。我悄悄地在窗口看了一会，令人满意，轮值班干部在巡视，各组成员在背书。可刚进门口，班干部就对我说："老师，黄同学哭了。"

我径直走到黄同学身旁，他趴在桌上。同桌动了他一下，告诉他老师来了。他抬起头，眼睛有点红肿，看来是受刺激了。

他站起来说话，一开口就哭起来："老师，不公平！"

"男儿有泪不轻弹！有什么不公平，慢慢说，不哭！"

"我们组除了一人请假，七人都准时到了，应该加 3.5 分，可他们只加给我们组 3 分，就是不公平！"

"不就是扣了 0.5 分嘛，说清楚重新给你们补上，不就行了吗？"我略带点安慰。

"我找他们组长了，就是不肯给我补上，还骂我！"黄同学说着又委屈地哭了起来。

"我是一班之主，你和我说清楚，合理就给你加分，怎么又哭了呢？对了，老师想问你，这 0.5 分就那么重要？你认真写一次作业，得 A+，不就拿回这 0.5 分了吗？"

"不能这么说，我算过分数了，我们组只比倒数第一名的总分差 0.2 分，加上这 0.5 分我们组就不用挨罚啦！"

我心里一震，这小九九还真会打。我说："但总不能你一哭，我就给你们加分。以后大家都认为只要一闹、一哭就可以加分，我这班主任以后怎么当呀，是不是？"

早操时间，同学们都下去做操了。我让他把宁同学找来进一步了解情况，结果是：黄同学性子急直接要分，宁同学不给加，还骂了他一句，于是，吵了起来。

"你们想一想，今天你们这样吵闹，在班级影响多不好呀，如果不跟同学说清楚，你说加分就加分，合理吗？黄同学，你这样闹，这分能加吗？"

黄同学略有点底气不足，看看我，犹豫了一下，说："加。"

"宁同学，你说他们能加分吗？"

"本来是可以加的，但我们吵架了，影响不好，不能加。"

"宁同学很会想问题哦！黄同学你说他讲得有理不？你们组不能加分，他们组也要扣 0.5 分。今后你们遇到事情要学会冷静处理，要学会对自己的行为负责……"他们接受了我的批评。接着，我又安慰了他们几句，讲了一些处事的方法，他们满意地回座位了。后来我又在班上重申了加减分原则，再宣布处理结果，事情圆满解决。

这件事向我传递了一个信息：孩子们很看重评比的分数。

为了让"分数"把学生的积极性调动起来，各方面也跟"分数"挂钩。比如：实行语文课堂作业得 A+，作文得优都可以加 0.5 分。问题来了，有些组孩子粗心些，不得加分，孩子心里不舒服了。我又调整策略，只要老师写下"进步"两字，也可以加分。此外，发言积极，勤于思考，乐于助人，主动捡垃圾……都可以加分。孩子们心里舒服了，学习劲头更足了，为了给自己、给本组加上这 0.5 分，他们写作业细心了，字更规范了。有些组写完作业后，甚至互相交换检查，避免出错！

我看在眼里，喜在心上。"分数"是有形的，也是无形的，它像一把尺子，合理地用在班级管理上，定能起到事半功倍的作用。我深信在公平竞争中的孩子的综合素质一定会更高！

妙用"分数"，让我在平淡的教学生涯中多了一点忙碌，但也增添了一份乐趣！感谢孩子！

评析与拓展：

本则故事，梁老师讲述了在班级管理中，妙用"分数"带来的班级管理成果，给我们这样的一个启示："分数"是有形的，也是无形的，它像一把尺子，合理地用在班级管理上，定能起到事半功倍的作用。同时，也分享了自己的体会：工作方面的创新，会让平淡的教学生涯多了一点忙碌，但也增添了一份乐趣！

基于以上案例的分析，笔者谈谈班级管理中奖励性管理方案的利和弊。

现阶段，为了激发学生学习兴趣，或调动教师工作的积极性，教育领域兴起了各种各样的奖励形式，有奖励星星的，有奖励奖卡的，有记录不同分数的，采取个人和分组相结合的形式营造竞争的学习氛围，可以说是用心良苦，也收获了一定的成果。但由于没有过多的前人经验可借鉴，也没有得到全员认可，好多只在一个班级实施，因此效果不是特别明显，加上缺乏系统的规划，有时候还会造成不良的影响。下面谈谈几点认识。

首先，表扬敢于"吃螃蟹"的人。每一项创新之举，都需要莫大的勇气，方能实施。因为需要承受来自各方的压力和质疑，所以首先对这类行为要给予肯定。笔者永远支持一句话："行动就是成功的一半。"民间流传一句话："梦里走了许多路，醒来还是在床上。"对于敢于行动的人，我们必须给予大大的支持。

其次，奖励方式的实施。现如今，笔者身边执行奖励方式的有奖励星星或直接计入分数，但很难长期实施下去。因为他们过于理想化、细化，连完成每一次作业的等级都有相应的加减记录，作为老师，有那么多时间去及时更新吗？如果不及时，效果还有吗？或记录不全的话，还会引起不必要的矛盾，给班级管理增加很多额外任务。

不可否认，在一段时期内，这一策略确实给班级的管理带来一定的正面影响，但一过保鲜期，学生就不在意那些了，依然会我行我素，一切都会回到原点，前期的工作就白白浪费了。而且，有些激励方式起到的不是正面的教育作用，比如一些活动的加分，成了孩子心目中的一种功利追求，转变为引发嫉妒心理的触发点。所以，我们在实施量化的奖罚措施时，要有的放矢，科学规划，千万不要伤害孩子们幼小的心灵。

最后，提几点小建议。在班级管理中，实施奖罚机制，是一种常见的班级管理方式，但对怎么奋斗都达不到奖励的学生，其实就是一种煎熬，所以，在实施这一管理模式时，一定得注意以下几点原则：①班情性原则。"适合比标准更重要。"没有基于自己班情的方案，生命力不会很强的。②易操作性原则。难以落地的方案，或不能持续实施的方案，建议慎重使用。别还没开始，就引发一大堆的问题，引发不良后果。③方案制定的全面性。每个班级中，都会存在不同类型的学生，班级管理方案的制定要兼顾所有学生，如果偏重优等生的奖励，那么对中等生或者学习基础差的学生来说不公平，这样的方案缺乏生命力。④实施期间的共享性。当今的教育不再只是学校的任务，家庭、学校、社会都在教育中扮演着重要的角色。在班级管理措施的实施过程中，教师需将相关情况告知学生家长，获得家长的理解和支持，双方共同努力保障班级管理措施能够最大限度发挥作用。⑤不厌其烦地做好记事本的工作。这是高效实施的保障性工作，老师做得好，一切就会言出有据，越来越有威信，否则，就会变成空穴来风，慢慢透支我们的信用，方案的执行自然就会大打折扣，甚至失效。

教无定法，贵在得法。希望我们在准备充分后，再实施；实施之后，就得做实工作且坚持不懈，甚至影响其他同事。在形成本校的管理模式之后，您的方案被赋予强劲的生命力，在操作性上也更具说服力。

44 静待花开

谢雪美

　　每一位老师都希望自己的学生自带一切良好的品性，学生都能按照自己的教育教学思路和方法前行。但是，理想是丰满的，现实却是骨感的。由于学生来自不同的家庭、不同的环境，他们有着不同的性格、不同的品行、不同的习惯。所以每个老师在教书育人的过程中，都会接触不同类型的学生。遇上素质好的学生，教育的效果是事半功倍。而遇上素质欠佳的学生，尤其是行为习惯不好的学生，绝对能让老师费尽心思，却效果甚微。

　　但是以一个教育者的职责来看，我觉得遇上素质欠佳的学生也是一种福分，因为转变这一类学生是最能锻炼老师的能力与提高管理技巧的，而且这些学生对老师的感情是最真、最深的。当我们遇上素质欠佳的学生时，不要抱怨，不要放弃，只要我们付出真情，多加关注，放慢脚步，也许他们走入社会后，就能绽放出灿烂的生命之光，成为您体现教师存在价值的谈点。

　　在我的教书生涯中，确实也有很多这样的经历与体会，印象最深的还要数四年前所带的一帮学生。

　　四年前，我接手了一个班。这个班比较特殊，由于频换班主任，我接手时是八年级，我是他们第四任班主任。前面的班主任管理很是吃力，七年级结束后学生又从不同的班级合并过来，而且都是平行班的学生。到我手上时，这个班是一个真正的脏、乱、差的班级。教室地板到处都是垃圾，同学之间矛盾大，分派严重，班级就像一盘散沙，课堂纪律差，学习成绩差，卫生习惯差，行为习惯差，师生关系差，学校举办的集体活动难以组织参加。新官上任三把火，我本想着第一把火就用强硬的方法“烧一烧”班里的不良风气，可一上马他们就给了我一个下马威，弄得我非常尴尬。因为看到学生的位置比较乱，就想着重新安排一下，大部分同学都按着老师的指挥重新移动位置。可是到最后几个同学时，问题就出现了，他们居然拍着桌子质问我凭什么动他们的位置，并且威胁别人不能坐他们的位置，他们还坐在桌子上，挑衅地看着我。突如其来的变化是我始料不及的，因为以前在做班主任时从来没有碰到过这种情况。班主任连编个座位的资格都没有吗？我一看这架势心里就上火了，思维有那么一阵子的短路，但是我明白硬来我肯定会败退，最终我还是压着怒气，平静地问大家，是不是都不介意现在的位置，想不到大部分同学都不愿意换位置，最终我的第一把火没烧起来。但是我一再向学生说明，我尊重他们的选择，但是班主任有管理班级的权力，合理的要求老师可以答应，不合理的要求老师绝不会纵容。事后证明，当时我没有冲学生发火是正确的选择，因为那几个学生是全年级有名的，集逃课、抽烟、打架斗殴、上课捣乱起哄等坏毛病于一身。可想而知，如果一开始就跟他们结下了梁子，矛盾也就永远存在了。后来，这"七大金刚"在我耐心地教育和引导下，课堂上不再随意走动，不再跟老师对着干，不再行霸班里，并且跟我形成了很好的师生关系。现在的他们在学业上虽然没有取得值得我骄傲的成绩，但是作为曾经的问题学生，能成长为阳光、健康、快乐的年轻人，做着自己喜欢的工作，这足以令我欣慰。

记得有人说过这么一段话：每个孩子都是一朵花，只是一年四季开放的时间不同，当别人家的花在春天开放时，你不要急，也许你家的花在夏天开，如果到了秋天花还没有开，你也不要着急跺脚，说不定你家的这朵是腊梅，冬天开得会更动人。我们做教育的，教育学生也应如此。教育是一个细活、慢活，让我们坚持下去，静待花开。

评析与拓展：

本则故事，谢老师向我们讲述了接受新班时，遭遇的一次顶撞，自己的忍让，而成就了后面的一帆风顺。同时，向我们分享了她的教育感想："每个孩子都是一朵花，只是一年四季开放的时间不同，当别人家的花在春天开放时，你不要急，也许你家的花在夏天开，如果到了秋天花还没有开，你也不要着急跺脚，说不定你家的这朵是腊梅，冬天开得会更动人。我们做教育的，教育学生也应如此。教育是一个细活、慢活，让我们坚持下去，静待花开。"

基于以上案例的分析，笔者谈谈学生教育中"静待花开"的几点认识。

第一，退一步海阔天空。班级管理中，由于我们还没有树立较高的威信，或彼此还没了解，经常会出现一些始料未及的事情，甚至让我们的老师下不了台。这时，大家的观点众说纷纭，有的说必须向前冲，压住学生的气焰。也有的说，我们作为老师，还真不能和小孩子来硬的，万一造成打架事件，或小孩子想不开，寻短见，我们就是吃不了兜着走，后果不堪设想。究竟怎样是好呢？笔者认为，退一步海阔天空。我们和学生，直接的关系就是师生关系，但如果放在工作上，其实就是合作关系，没有谁高谁低，更不会存在任何的主次之分。更何况我们彼此相处的日子还长，不要因为一时的言行改变学生的态度，也不会因为一次征服而让他们折服，需要的是"日久生情"，慢慢形成信任，也许尊师就是这么来的。

第二，相信每一朵花都有花期。"天生我才必有用"，确实是这样。孩子犹如一朵花，都有自己的花期，只是我们目前还没遇见而已。说到这，有人可能马上质疑，"真的吗？"在这里，笔者可以这么说，是真的！就看您以什么标准去衡量。社会的职业千千万，我们为什么一定要培养公务员，或培养科学家，这不就是我们自己给自己套圈子吗？行行出状元，我们培养孩子，希望他们能成为行为端正，努力奋斗的人。所以，作为教师，依据长期的执教经验，记得您最多的，就是您经常开导的学生，因为您确实影响了他。

第三，挑战也是一种幸福。幸福，就是一种心态。正如一句话所说："挫折，是我们一生的敌人和朋友。对于勇敢者来说，它是一块垫脚石；对于懦弱者来说，却是无底的深渊。"那您是愿意当懦弱者，还是勇敢者？相信大家会选择后者。挑战，是激起人无限思维的有效途径；挑战，是每一位渴望成功人的家常便饭；挑战，也是属于那类喜欢爬到山顶，尽情欣赏山那边美丽风景的人。所以，敢于挑战的人，是幸福的，只有挑战成功的人，才会体验到这种不同寻常的幸福。

桃李满天下，是我们永远的教育期待。

45　我和我的学生

梁妙云

2004 年 9 月，我刚调入学校就担任班主任工作，当时班里有 60 多位学生，这些十几岁的孩子，聪明、活泼，但一个比一个顽皮。教室里学生多，其他老师到我班上课都抱怨学生太吵，说这些学生很难管。

记得有一天，上课铃响后，我走进教室准备上课，可我站在讲台上"半天"了，下面还是闹哄哄的一片，学生并没有因为我的到来而安静，我用眼睛瞪着他们，30 秒后他们还没有注意到我的表情，还在不停吵闹，我顿时气得火冒三丈："今天不上课了，你们闹够了再说！"他们一愣，大部分学生见老师发火了，乖乖坐着不动了，可还有个别学生竟好像没听到我的怒吼，依然肆无忌惮地说笑，直到旁边的同学拍了一下她的胳膊，看到我铁青的脸才回过神来。

我痛心疾首地教育他们："你们没看到老师站在讲台上了吗？九年级的学生了，连自己都管不住吗！"

下课回到办公室我仍余怒未消，还义愤填膺地向同事控诉一番，大发感慨："怎么现在的学生自制力这么差，都管不住自己。"

同事听完不由"扑哧"一声笑了，印象特别深刻的是教物理的刘老师还说了一句："你以为学生是木偶呀，不吵不闹那不叫学生，该叫木偶啦！"兜头一瓢冷水，如醍醐灌顶。对呀！我怎么就忘记了他们还是孩子呢？孩子的天性不就是吵吵闹闹，叽叽喳喳的吗？想当年自己不也是这样。嗨，不皮不闹，那是小老头哦！

那我为什么还忍受不了，一个同事接着说："你把他们当成成年人了，用成年人的标准衡量他们的表现，你当然不满意。"

是呀，我怎么忘记自己长大了呢，看问题、看事物都在用成人的标准去衡量。

而对学生，我本应蹲下来看他们，这样就可以平视他们，心态自然也就会平和，而我一直是在俯视他们，心里当然会有落差。这时，我想起了著名教育家魏书生曾经讲过的话："如果你把你的学生当作魔鬼，你就生活在地狱，如果你把你的学生当作是天使，你自己就生活在天堂。"我希望我生活在天堂，其实我的学生们一个个都那么可爱，他们都是天使呀！

有一次作文，我让学生自己命题，想写什么就写什么。作文交上来时，蒋同学的《老师，我想对您说》深深地触动了我："梁老师，我是个笨学生，成绩差，比别人都差，我没有什么优点，老师都不注意我，大家也都不喜欢和我玩。每当老师表扬其他同学时，我就感到孤独……老师，我是不是很差？是不是很没用？我妈常常说我越来越糟糕……梁老师，现在我终于有了一点快乐了，那就是上您的课，我热爱文学，我发现自己语文进步了，每一次作文点评您都点到了我的名字，还表扬我……"

这篇作文我一口气读了三遍，但心情一遍比一遍沉重，脑海中不时地浮现出蒋同学那张没有笑容的脸和脸上那双忧郁而焦虑的眼睛，我感到一阵阵难以言状的酸楚，而唯一值得安慰和庆幸的是蒋同学这位沉默寡言、心事重重而又孤立无助的女孩终于找到了一个可以倾诉的人，把独自煎熬的心里话告诉了我，我不经意的表扬，对她的心灵是多大的抚慰啊！

评讲作文那天，我读了几篇优秀作文后，对大家说："除了这几篇好文章之外，还有一篇心里话写得非常真实感人，深深地触动了老师的心灵。老师很感谢蒋同学送的这份特殊的'礼物'，老师也要送给她一个特殊的'礼物'(我随即把自己制作的卡片《神笔马良》送给她，因为我知道蒋同学平时非常爱画画)"。

当蒋同学在阵阵掌声中红着脸蛋腼腆地走上讲台，激动地从我手中接过"礼物"时，我第一次看见她含着泪花甜甜地笑着，那笑脸就像一朵花，快乐地盛开在我的心里……

每当回想起这件事情时，我都会产生这样的感慨：是啊，只有当每位学生都快乐时，我们教师才会快乐，而这种快乐，才是教师真正的快乐。作为教师，我应该加倍努力地去创造这种快乐！

评析与拓展：

梁老师利用著名教育家魏书生曾经讲过的话"如果你把你的学生当作魔鬼，你就生活在地狱，如果你把你的学生当作是天使，你自己就生活在天堂。"梁老师向我们讲述了两则真实的故事，并分享了她真实的工作体会："教师的工作，只有当每位学生都快乐时，我们教师才会快乐，只有这种快乐，才是教师真正的快乐，作为教师，我们应该加倍努力地去创造这种快乐。"

基于以上案例的分析，笔者谈谈教师心中的乐事。

快乐是一天，不快乐也是一天，那我们为什么不在平时的教育工作中，选择快乐地度过呢？鉴于此，哪些事能给我们的教学工作带来快乐呢？

第一，孩子的快乐就是我们的乐事。梁老师的这则故事，给我们很大的启示："只有孩子快乐，才是我们教师真正的快乐。"是的，孩子的心情永远写在脸上，灿烂的笑容，会心的微笑，不舍的尾随，诚挚的邀请，都能体现孩子天使般的快乐。其实，这个时候，也是我们教师最为快乐，最有获得感的时候，因为我们栽培的花朵，绽放啦！

第二，孩子的转变就是我们的乐事。在我们的教育生涯中，总在追求"一份耕耘，一份收获"，甚至"一劳永逸"，这一目标，在不断地实现过程中，我们收获了满满的快乐。特别是在"学困生"转变的过程中，我们的开导，我们的关心，我们的关注，得到正向的转变，那就是我们最大的乐事。

第三，获取好成绩就是我们的乐事。每个人前进的路上，虽然不刻意去追求鲜花和掌声，但如果偶然相遇，也是我们莫大的乐事。好的成绩是对我们工作的肯定，丰硕的研究成果能给我们工作注入强劲的动力。"成功乃成功之母"，这是我们每一位教师永远的期待。

第四，学到新知识就是我们的乐事。知识是人类进步的阶梯，知识改变命运等名言都强调了知识的重要性。作为新时代的教师，必须牢固树立终身学习的目标，向书本学习，向朋友学习，向生活学习，把学习作为人生头等大事，作为日常行为习惯，获得知识的时候，就是我们最大的乐事。因为这一行为，在无形中让我们强大起来。

总之，作为教师，我们的快乐就是学生的快乐，我们的进步就是学生的进步，我们必须一如既往地追求，给我们的生活增添无限色彩和乐趣。

46 萌芽的爱

林丽贞

学生像一张白纸，人生的画卷才刚刚展开，在这幅画卷中，是绚丽的色彩还是暗灰的颜色，要靠自己涂绘，而我们老师，只是引路者。

十二三岁的孩子，还是懵懂的年龄，但是在感情方面，已经萌芽了一种莫名的情愫。记得上学期，有个孩子悄悄地告诉我："老师，听说晓晓恋爱了，和班上的×××，他们又在秀恩爱了！"听到这样的话语，我竟然一时语塞，原来他们在那么小的年纪就开始摸索自己的情感了，我只能尴尬地笑着，说："是吗？我没听说，应该只是好朋友吧？"上课铃响起，那个告诉我消息的学生飞箭般地去了教室，而我陷入了思考，该怎么办？

晓晓是我的科代表，是个勤奋学习的女孩子。她声音很温柔，见到我，总是十分礼貌地叫一声："老师好！"每次见到晓晓，就感觉一阵轻风拂过我的脸庞。我实在是不愿意看到她因为感情而影响学习，他们太年轻了。早恋就像洪水猛兽，我们越是去压抑，它们就会越膨胀。现在是敏感时期，我们越是去管束学生，他们就越叛逆。但是如何让晓晓走出这困局呢？

有一天，晓晓的妈妈发了条微信消息给我，说道："老师，请问你们学校现在安排午读了吗？"我有点吃惊，难道是班主任的新政策，为了鞭策学生努力学习吗？但是我没听说过。我回复了晓晓妈妈："应该没有，学生下午是 2 点 50 上课，一般 2 点半之前都来到学校了。你可以去问下班主任。"接着，晚上的时候，晓晓的妈妈找我谈心，问我怎样去劝导晓晓不要那么早地谈恋爱。我也不太知道该怎么办，于是我上网找了本青春期心理的书籍——《妈妈送给青春期女儿的书》研究起来。书中针对女孩子升上初中的生理及心理变化，结合身边的故事，讲述了妈妈想对女儿说的话，不是训诫，而是一种交流，一种关心，一种体悟。我把此书发给了晓晓妈妈，她说她也在看这本书，准备给晓晓看。晓晓妈妈开玩笑地说道："我要找些女生早恋后吃下恶果的故事去吓吓她？"

反面教材，也是一面镜子，直视着不足和影响。

对于晓晓的变化，我一直都在观察着，生怕她受伤害。班上的孩子总是爱开晓晓与那个男孩的玩笑，他们模仿网上的段子和称呼，说晓晓是某某的老婆或者说些很难听、粗俗的话语。晓晓听了很不是滋味，经常皱着眉头。看得出来她是介意别人的言语和目光的。

某天上午放学后，那个男生与其他同学起了小冲突，晓晓看到这样的情景很害怕，蹲在地上哭了起来，但还是制止不了冲突的发生，事后，我安慰了晓晓，说这件事与她无关，不要过于在意和难过。我们没法控制别人如何去做，但是要先做好自己，可以让别的同学先拉开他们避免矛盾加深，一个女孩子去劝架，是很危险的。那天之后，晓晓与那个男生之间似乎有了一堵墙。

我想知道问题的答案，在 QQ 上问了晓晓："你是在和某某谈恋爱吗？"晓晓回了句："我们分手了。"虽然这个结局也是预料之中，但是感觉到了字里行间带着的忧伤。于是我回复道："爱情来得太早，也许并不是爱情，只是某种青春期的情愫和对异性的欣赏，你们的关系太高调，引来了同学们的注目，有时候他们开你们的玩笑，会不小心伤害了你，这样对你不太好。希望你能想开点，暂时忘记这件事。"晓晓回答说她明白了。接下来的时间，临近期末了，我们进入了紧张的期末复习，但是我还是会关心晓晓，课间有空的时候给她讲讲阅读的技巧和写作文要注意的地方，希望学习能转移她的注意力，忘记那些伤口，重新开始。

期末成绩出来了，晓晓的成绩有了很大的进步，我很欣慰，感觉我可以好好睡个觉了。说实在的，学生们考试前的一个星期，我总是很难入睡，担心他们偷懒不愿学习或者丢了可以拿到的分数。晓晓的进步，宽慰了我的内心。虽然现在晓晓不在我任教的班级，但是我还是希望这个如春风般和煦的女孩，能够在她的人生画卷上，多添上几抹绚丽的色彩，而不至于被偶然出现的乌云或增添的几笔黯淡的色彩所影响。人生总是充满各种可能，坦然面对，才能走到自己理想的彼岸。

评析与拓展：

本则故事，林老师向我们讲述了如何调解晓晓同学早恋的故事，从中分享了她的教育感想："作为教师，希望学生能够在自己的人生画卷上，多添上几抹绚丽的色彩，而不至于被偶然出现的乌云或增添的几笔黯淡的色彩所影响。人生总是充满各种可能，坦然面对，才能走到自己理想的彼岸。"

基于以上案例的分析，笔者谈谈对学生早恋的处理方式。

第一，取得信任很重要。信任，是人与人之间沟通的基本条件，也是彼此之间能开诚布公的先决条件。能得到学生的信任，就能得到最真实的信息，最能了解到他们的想法。这些都是我们做好下一步工作的重要前提。

第二，沟通顺畅是关键。教师与学生之间的交流，特别是在"早恋"问题上，顺畅的沟通很关键。没有顺畅的交流，一切思想工作无法进行；没有顺畅的沟通，大家都停留在各自的频道上，停滞不前，一切调解工作都无法开展。

第三，提高认识是根本。林老师利用书本，让学生认识到"早恋"的危害，这是一条很好的途径。

总之，"早恋"是青春期最为常见的案例，只要经历过的教师，都会有所体会。

47 与"学困生"过招

陆红映

当教师的时间长了，我们会发现，自己的性格和脾气都改变了，不是变好了，而是变坏了！特别是当班主任的，原本性格温婉柔顺，不出一年，保准能训出一个强悍的"母夜叉"来，而"助"我们变得"面目全非"的就是那一群"学困生"！

之所以这么下定论，也是有例可援的。记得有一个学期，因有老师调动，学校临时派我当了一个平行班的班主任。第一天，我对他们的印象就非常不好：教室、走廊到处是废纸，扫把随地乱扔。一下课，许多男同学在走廊追逐打闹、嬉笑，一点都不爱学习。上课铃响了好久，总还有那么几个同学姗姗来迟。更有甚者，我刚上课，居然有几个男同学举手，一问，答："上厕所！"这把我气坏了，我朝他们大声吼道："这是上课！下课时为什么不去？有病啊？"因为我教过很长一段时间快班，看惯了优秀学生的各种表现，所以我看他们处处不顺眼，经常发脾气、抱怨，不相信他们也有与众不同的个性和潜能。可能我总是用敌对的语气跟他们说话，所以他们经常跟我作对。特别是几个调皮的学生，我绞尽脑汁，用尽了各种办法，但收效甚微。这样，我脾气越来越暴躁。而我也自嘲是"和魔鬼打交道"的人。每天来到学校，面对这样的一群"学困生"，我简直没招了，深深地陷入了苦恼之中。

后来，有一个特别小的细节，改变了我对他们的看法。那天我穿着一件新的裙子来上班，在楼梯口，碰到了班里最调皮的男同学吴×峰，他叫我一声"老师好"后，突然说："老师，好漂亮！"我一下愣住了！我不敢相信，这个平时跟我作对的学生，居然会赞美我？记得每次上课前都是他在大声嚷嚷，批评过他几次无果后，我就讽刺他说："什么吴×峰，你就是一只讨人嫌的嗡嗡叫的黄蜂！"全班同学哄堂大笑，他才闭嘴。我这么对他，他不恨我？老实说，这句话震撼我的心灵，它让我惭愧，平时我对他们那么凶，他们都没跟我计较，而我却对他们的缺点耿耿于怀，老是戴着有色眼镜看他们。

因为这一句话，我对自己的教育方法进行了反思。我逐渐体会到了，教育，其实更需要宽容，特别是针对行为习惯较差的学生，宽容不是纵容，不是包庇，它是对学生的关爱，甚至是一个尺度，是让犯了错的学生能真正认识和改正错误。英国一位中学校长曾经幽默地说："征服珠穆朗玛峰是人类的夙愿，但我们不能因此要求所有的学生都去攀登珠峰。"确实，学生的性格、个人素养各异，这就需要我们采取不同的教育方法，如果对学生只一味地简单粗暴，就很容易引起学生的反感，这样的教育结果只会走向反面。

接下来，我改变了方法。首先，我要比学生更强大，更不怕困难，这样才能"征服"他们。我每天都起得很早，第一个来到教室，站在走廊等他们的到来。第一天，有好几位迟到，第二天就减少了，几天以后，竟然没人迟到了，顺利解决了我们班迟到的现象。第二，与学生交友。我经常跟学生一起活动，还打球，一起包饺子，特别是班干部，他们是我的好朋友，在管理班级上，他们成为我的得力助手。后来，我们班各方面在年级中都表现出色，成为文明班级。第三，帮助他们学习。以适当的要求树立其信心，让成绩的提高促使他们对学习感兴趣。全班学习基础差，我就给他们辅导，甚至针对不同的人制定不同的方法，协调科任老师，提高了学生的各个学科水平。经过一个学期的整改，这个班级在期末统考中，排名由原来的最后越到年级第二！

以上这些，其实都告诉我们，不论是在教育或教学中，爱心和宽容能让老师更贴近学生的心灵，这种对人的心灵关注能唤醒和鼓舞学生的上进心和求知欲。所以，与"学困生"过招，关爱和宽容是制胜的不二法宝！

评析与拓展：

本则故事，陆老师讲述了在带平行班级时，由于教师心态和方法的转变，教学取得了意想不到的效果。最后总结出自己的教育体会："不论是在教育或教学中，爱心和宽容能让老师更贴近学生的心灵，这种对人的心灵关注能唤醒和鼓舞学生的上进心和求知欲。所以，与'学困生'过招，关爱和宽容是制胜的不二法宝！"

基于以上案例的分析，笔者谈谈教育中的宽容。

西汉丞相薛宣曾言："唯宽可以容人，唯厚可以载物。" 意思是只有心里宽广才能容得下别人的错误，只有高尚的品德才能承载重任。作为教师，我们面对的是一批正在成长的孩子，既然是在成长，能不犯错吗？既然是常态，我们唯有宽容，唯有引导和教育。下面谈谈笔者的三点认识：

第一，教育亟待宽容。党的十八大以来，以习近平同志为核心的党中央始终强调领导干部要敢于担当，鼓励各地各部门探索建立和完善激励机制、容错机制和保护机制，旗帜鲜明地鼓励和保护勇于改革创新的领导干部，激励广大干部奋发有为，撸起袖子加油干，凝聚形成创新创业的强大合力。这是我们社会的总导向。既然社会为了鼓励干部放手干，都有着容错机制，教育领域也得建立容错机制，形成容错心态，在面对犯错学生时，多一份忍耐，多一份宽容，多一份爱心，以发展的眼光看待学生，摒弃戴着有色眼镜看学生，给他们提供和谐快乐的教育环境。现实中，好多教师举着"恨铁不成钢"的棒子，大张旗鼓地对犯错学生进行惩罚，搞得学生没有了尊严，甚至还波及为生活而忙碌的家长，严重影响我们教育的社会地位。

第二，交心需要宽容。作为教师，面对孩子的错误，不是大发雷霆，而是彼此交心，共同商议解决的策略，孩子就会觉得您是他的良师益友，不是"母夜叉"。您的宽容打动了他，他就会毫无保留地与您交流、交心，到那个时候，还有什么事情解决不了呢？

第三，进步渴望宽容。孩子的进步可以说是容易与困难并存的。容易是因为我们带着寻找美的眼睛去看他，总会在一天的生活中，找到他可爱的一面，并加以褒奖。而困难，就是我们要求过高，或者自己的工作方法有问题。一旦发现孩子的不是我们就借题发挥，搞得孩子尊严扫地，这样的教育方式能受欢迎吗？因此，孩子的进步渴望宽容。因为您的宽容，孩子不再惧怕；因为您的宽容，孩子默默努力；因为您的宽容，孩子在享受着自己的快乐，也会因为您的宽容，彼此幸福地相处着。

总之，作为教育工作者，我们别老是高高在上，应该蹲下身子，和孩子们在同一高度看问题，平等地交流。这样的相处，方能营造彼此渴望的幸福生活。

48 牛奶是谁偷了?

李 霞

事情发生在 2013 年下半学期的一天,我上完了两节语文课后,便叫学生上讲台领取课间餐和牛奶。和往常一样,我放心地回到了办公室休息。可正当我坐下,班里的一个学生匆匆地跑来对我说:"李老师,我没有牛奶。"我很吃惊,"怎么会没有呢?盒子里没有了吗?你们平时不是刚好够拿的吗?"我连忙说。

事不宜迟,我决定到教室里看个究竟。到了教室后,我先到每个座位上看了一遍,因为我想看看有没有学生重复领的,但毫无结果。为了把这件事调查清楚,我与下节课的老师调换了一节课。

我一声不吭地站在讲台上,心想:牛奶箱上明明写着二(4)班 24 瓶,到底牛奶去哪里了?班里肯定出现了偷牛奶的小偷。学生们看着我那严肃的表情,安安静静地坐在座位上,谁也不敢发出半点声响。我望着学生,平静地说:"各位同学,今天的牛奶少了一瓶,谁重复拿了?或谁做好心人帮别人拿了?""没有!"学生异口同声地回答。我快速地环视一遍所有的学生,因为我希望能从他们的举动和表情中找到那个心里有鬼的学生。

这时,我发现第四组倒数第二排有个小男孩眼神有些慌张,但又强忍着表现出异常的冷静,还不时瞟瞟我,可当我的眼神与他的眼神相碰时,他又连忙躲开,向其他同学看去。"李老师,我的桌子底下有一瓶牛奶。"这时,一位学生站起来大声说。这声音瞬间打破了教室里的安静,学生们开始七嘴八舌地议论开来。我不动声色地走下去,拍了拍那个站起来的学生的肩膀,示意他先坐下。但紧接着眼前出现的这一幕基本验证了我的猜测,而更巧的是,站出来报告的这位学生就坐在那个小男孩的后面。此时那个小男孩坐得特别端正,可不停地搓着的手指头出卖了他,我可以确定牛奶是他偷的了。

而我此时犹豫了,他只是一个 7 岁的孩子,他那幼小的心灵怎能经得起我坦言全班同学呢?我又怎能忍心当着 48 位学生的面去揭穿他,去批评他呢?我想了想,对大家说:"哦,原来是有些同学帮其他同学拿的牛奶掉到地上了,而那位同学又不知道,结果又拿了一瓶。"听我这么一说,紧张的场面变得轻松了。

放学后,我决定以叫那位小男孩帮我拿作业到办公室为由,找他好好聊一聊。到了办公室,我拿了一张椅子给他坐下,温和地对他说:"老师知道你是一个聪明能干的孩子,但老师更希望你能做一个诚实的孩子,今天的牛奶是你拿的吗?"那孩子听到我这么一问有些慌张,支支吾吾起来:"我……我……老师,我口渴了。"

我摸了摸他的头，亲切地说："你口渴可以到老师办公室倒水喝呀，咱们做人可不能贪小便宜，不是自己的东西不能拿。要记住，勿以恶小而为之呀！"他点点头。我又问："你没带水来学校吗？"他低声说："没……没有，我爸爸、妈妈在农村，我住在婶婶家里，因为这段时间叔叔生病住院了，婶婶要照顾叔叔。"说到这，孩子抽泣了起来，我的泪水也跟着在眼里直打转。其实他也挺可怜的。

　　第二天，我在上学的路上，到牛奶店买了一瓶牛奶送给他。当他接过牛奶的时候，说了声"谢谢老师"就走开啦！可以看得出，我的举动感动了他！后来他的妈妈也在电话里向我表示感谢和称赞。

　　每当想起这件事，我就觉得作为一名人民教师很自豪，因为我们可以用心去感化每一个孩子，让他们健健康康地成长。

评析与拓展：

　　本则故事，李老师向我们讲述了在调解班级牛奶失窃事件时，为了保护一颗幼小的心灵而富有爱心的行动的故事。故事的最后，还分享了自己的教育感悟："作为教师，我们可以用心去感化每一个孩子，让他们健健康康地成长。"

　　作为教师，面对的是不同年龄阶段的孩子，面对着不同家庭背景的孩子，我们在处理各类事件的时候，要多一份爱心，多一份理解，在充分了解的基础上，妥善处理，给彼此留下更大的成长空间。

49　奉献，从爱做起

陆英兰

　　2013 年 8 月，我自愿报名成了西厅小学的支教老师。虽然来之前我做好了充分的思想准备，但我到了西厅小学后，一幕幕的景象让我震撼：一块平平的松土地便是学校的操场，没有篮球架，也没有水泥地，学校只有一栋两层破旧的楼房，一楼用于教室，二楼用于办公室，没有围墙，没有厕所。

　　吕型伟先生说："教育是事业，事业的意义在于奉献。"话虽简洁，寓意的深刻却难以用语言描述。在地处偏僻的农村小学工作，意味着早出晚归，尤其是寒冬时节，无论清晨或是傍晚，路上都是一片漆黑或伴着寒冷的月光，面临的困难可想而知——家中事务没时间处理、孩子和老人同样难以照料。但是，既然选择了支教，只为农村的教育需要，我义无反顾、奋力前行。

　　我担任三年级班主任兼语文学科教学，一星期 20 多节课，除了不上数学课，包揽了所有的副科。因为孩子们的知识水平太低，甚至很多学生都还听不懂也不会说普通话，上学期期末考试全班语文平均分不及格，所以对于教学我当时真的特别头疼，每次都是从最基本的教起，教拼音、教汉字都是每节课的重点任务，就算如此，还有部分孩子跟不上进度。

在教学方面不想谈太多，虽然开始很不顺心，但后来跟同事交谈后，借鉴了他的教学模式，才慢慢地步入正轨，找到感觉。不过有时候孩子们上课真的特别调皮，"海陆空"三战的场面也不少见，跳到桌子上的，趴到地面上的，站在凳子上的比比皆是。值得安慰的是，在这种情况下，只要我板脸或者用棍子在桌上敲打警示时，他们基本都会安静下来。

记得有个叫观宝的孩子，一上课就肆无忌惮地说话、起哄、搞小动作……我边讲课，边走到他身边，用眼神紧紧盯着他，用手轻轻拍他的肩膀，还抚摩了一下他的脑袋，这一系列的动作或许满足了他被关注的需求，终于他安静了下来。在我松了一口气开始上课后，他又是低着头在下面搞小动作。《新课程标准》要求，教育必须面向全体学生，让每一个学生都得到发展。如果他每天都这样不听课，而身为教师的我如不提醒他，那我不是在误人子弟吗？课后我向老师和同学们了解他的情况，他成绩很差，不到 10 分，上课经常调皮捣蛋，屡次被老师们批评。

针对他的情况，我对他的教育也做了调整。首先，要激发他的学习兴趣，建立自信心，把他的注意力集中在我身上。比如还没上课前我就要求全班坐端正，并且眼睛盯着老师看，当他做到时，我就大力表扬他，还让所有的同学把掌声送给他。在自读课文时鼓励大家不懂就问，我经常利用这个时间指导学习能力相对较弱的孩子，这包括他，虽然他问的问题是："这个字怎么读？"虽然拼音已经标在这个字的旁边，但我还是耐心地指导他。下课后就找机会跟他聊几句，课间 10 分钟跟他打打球(当然还有其他同学)，这样一来二去，他表现得越来越好了，课堂上还积极举手回答问题了，答得还不错。有那么几次同学们自发地把掌声送给他呢。在平时作业当中，他可积极了，听写正确率高，预习和背诵都请家长签名，在期末考试中，虽然不及格，但进步了 20 多分。

支教工作时间虽然短暂，但很充实。在我的努力下，全班的语文平均分进步了十多分，得到了家长、学生、同仁们的肯定与认可。我用行动诠释了"教育是事业，事业的意义在于奉献"的含义，有多少付出，就有多少收获。我将把这段经历永远珍藏在心里。

评析与拓展：

本则故事，陆老师向我们讲述了支教经历中的感受，艰难并快乐着，辛勤地付出后，自己获得了累累硕果，最为真实有力地诠释了吕型伟先生说的话："教育是事业，事业的意义在于奉献。"

基于以上的案例分析，笔者谈谈付出与收获。

我们经常说："一份耕耘，一份收获"。但有时我们得认清一个事实，付出了，不一定有收获，或者说不一定达到您所期待的价值。此时就需要我们调整好心态，在追梦路上，路边的鲜花也是我们不能错过的美景。

第一，愿意付出者最可爱。劳动最光荣，劳动者是最美的，这些都是我们对劳动者的褒奖。没有千千万万的劳动者，哪来今天幸福美好的生活；没有各行各业的奉献者，怎能绘制祖国宏伟的改革开放蓝图。愿意付出者最可爱，因为您的付出，社会风气充满正能量；因为您的付出，我们看到了希望；因为您的付出，润泽更多幼小的生命；因为您的付出，我们也爱上了劳动。社会千姿百态，需要形形色色的劳动者，由于分配制度的不同，工种的差异，我们开心过，也曾抱怨过，但追求幸福的初心永不褪色。

第二，适度降低我们的期待值。每一位劳动者，都希望收获累累硕果，赚得盆满钵满。但理想很美好，现实却很骨感。现实生活中，一切追求，不可能如愿以偿，总会受到或多或少的外界因素影响，而大打折扣，甚至徒劳无功。遇到这样的情况，作为当事人，就得降低我们的期待值。正如爱迪生面对失败时，从不放弃，发出了"我已找到了一千种不适合做灯丝的材料"的乐观心声。如果这样，您就会沉浸在工作的幸福当中，而不是被失败的懊恼所充盈、打垮。

第三，用发展的眼光看得失。笔者经常以这样的心态面对生活中的得与失："得不到的，未必是最好的，失去的也不尽是最宝贵的。"鉴于此，笔者非常提倡，我们要以发展的眼光看得失。这样在面对成功和失败时，不会很愕然，表现出的是一种沉稳和淡然。

绿叶丝毫不嫉妒花朵，而且为花朵的美丽勤恳地工作着。我们作为一线的劳动者，就得有绿叶一般的心态，为着我们未来的美丽花朵勤恳地付出着，因为我们都是新时代的追梦人。

50 我有一卷名字灿若星辰

麦燕怡

我终究没有想到，2017 年的中考，宛若一场盛宴，"哗"的一声就落下了帷幕。那一天，我拿着一卷名册守在中考考场的门口，在黑压压的考生人群中寻找你们那让我留恋的脸庞。潘海霞、吴语维、黎文韬、潘永豪、李秋红……1、2、3……43，都到齐了！我最后一次点名，你们最后一次面对着我答"到"……

那一天，我拿着这一卷名册坐在学校的马尾松下，默念着这些近三年来念了千千万万遍的名字，一个又一个鲜活的身影又涌上心头。亲爱的小可爱们，我又想念你们了……

我有一卷名字灿若星辰。

2014 年 9 月，我拿着这一卷名册，郑重地记下你们每一个人的名字。我能猜到，我们会用三年的时间，成为对方生命中不可或缺的一页。然而我却没有猜到，这卷名册中的每一个名字，在我心中都灿若星辰。

潘海霞，我最佩服的班长。你知道吗？我很自私，我多么希望我以后带的每一个班级的班长都是你的化身，如你这般勤勤恳恳、扎扎实实。我多么希望每一个班长都如你这般在看到我疲惫不堪、灰心丧气的时候，留下暖心的小纸条，让我觉得我天下无敌，必能跨过任何难关。海霞啊，麦老师都被你宠坏了。不应该是老师站在学生的身后支持学生吗，怎么却是麦老师依赖起了你。我是多么嫉妒你现在高中的班主任，遇到你，他多么幸运一如当年的我！

吴语维，你和麦老师是同一天生日，我们都是"可怕的"天蝎座，我们是多么的相似：骄傲、高冷、少女心、追求完美。正是因为太相似了，一开始，我们互相看不顺眼。然而也正是因为太相似了，我们知道我们心中最柔软的地方。我们能一个眼神就心有灵犀。你每次送给我的小礼物都最贴合我的心思。我永远都不会忘记那个装着一封小信的红包、挂满 HELLO KITTY 气球的教室……语维啊，你最近应该正在为成绩苦恼吧。你这么骄傲，目前这样的高一成绩你一定耿耿于怀。没事的，我们天蝎座的妹子总能置之死地而后生，崛起是我们天蝎座的共性！

潘永豪，你是我心中的"奇迹男孩"！从你的名字我就能看到你父亲对你的期盼，他希望你能成为他"永远的自豪"。然而，初一、初二的时候，你那么的颓废，我对你又是那么的恨铁不成钢。不过，你终究是个"奇迹男孩"，初三时的奋发，是我看到的你最帅的样子。那天在学校门口，突然听到有人大声呼喊"麦老师、麦老师！"我一回头，看到你穿着一中的校服在马路对面向我奋力招手……这是我心中最美的画面！

勤奋的秋红、豁达的白丽、安静的思梦、大神似的文韬、小公主其慧……一个个名字都灿若星辰，我的人生灿烂辉煌。我知道，如星辰般的名字还会有第二卷、第三卷，周而复始、永不绝断……

评析与拓展：

本则故事，还不如说是一篇回忆录，依恋的情感在一幕幕中重现给了读者，展现的是每一位毕业班老师的心声，描述的是每一位师者的无私之心，一卷名字灿若星辰，一生耕耘桃李芬芳。

基于以上的案例分析，笔者谈谈师者的教育工作。

师者，传道授业解惑也。这是历史赋予我们的责任，也是我们日常工作的内容，很全面地诠释了我们师者的教育工作。

一位师者，工作几十年，日复一日，年复一年，每年六月，目送一批批的莘莘学子离开时，难免不舍，但想着他们是在向高处攀登时，自己又备感欣慰，因为这是我们精心培育的种子，是我们窝里长成的燕子，是我们祖国的希望，到该放飞的时候啦，到该放手的时候啦！

传道，是我们教育的核心。即使个人学识再丰富，如果道德不端正，那么就不会对社会做出积极的贡献。所以，进行道德教育，是我们师者的根本任务。而"言传身教"，是这一领域主要的模式。师者日常的言语教导，师者日常的作风，都是学生的榜样，因此，对我们教师的要求就是"为人师表，身正为范。"

授业，是我们教育的任务。海阔凭鱼跃，天高任鸟飞，这是我们给师者和学生赋予的最高境界，这一境界，道出了我们诸多教育的理想和目标。首先，授业要给予彼此更大的空间，没有空间的发展，就会是笼中之鸟。其次，授业要给予足够的营养。乘风破浪，驰骋天穹，需要的是矫健的身躯，抖擞的精神，开阔的眼界。最后，授业要助其树立远大的理想。理想是风帆，是航标，有了理想，您的飞翔，方能冲破云霄，直达天际。

解惑，是教育的基本方式，诠释着师者为学生解决难题，助其成长的职业使命。现如今，虽然学习途径多样化、信息化，传统的授课方式有所改变，但教师的本质使命从来没有改变过。

师者，以感化人、成就人为主，这是我们的使命，也是我们能够得到社会认可和尊重的根本原因。履行好教师的职责，帮助一代又一代的学生脱离懵懂展翅翱翔；尽到教师的义务，为一批由一批学生的梦想插上翅膀。

51 妥协的意外收获

谢宏卫

教育生涯十五载，风风雨雨，酸甜苦辣，特别是一则则师生之间的故事，更令我终生难忘。

记得那是四年前的一节三年级音乐课，正逢六月艳阳天，太阳炙烤着大地，炎热难耐，特别是我们的教室，更是洋溢着浓浓的汗臭味。就在这样的环境下，我依然信心满满地冲进教室，准备开启我们快乐的音乐课堂活动。

"上课！"——"起立！"——"同学们好！"——"老师好！"就在此时，我发现胡峰(化名)与陈超(化名)两位同学依然坐在位置上纹丝不动，仔细一瞧，两人还是脸红耳赤，满脸怒气，心里一愣："咋的啦？是听不见我的指令，还是课前发生什么事了？"就在此时，所有同学的目光都不约而同地投向这两位同学，大家都不敢吭声，顿时，教室上空笼罩着一层紧张的气氛。因为大家了解我的脾气，这种情况的出现，将会引发一场地动山摇式的惩罚或责骂，他们担心是否会波及全班。

我继续无语地睁大双眼盯住他俩，他们瞟了我一眼后，爱理不理地低下了头，过了一会儿，胡峰却撇着嘴巴，用尖刀似的眼神射向陈超，似乎在表示什么。这时，我的经验告诉我，应该是两个人课前发生矛盾但尚未解决完毕，还处于相持阶段，想到这里，我允许其他同学坐下后，二话不说，直接下令说："我不管你们发生什么事，上课的礼仪必须进行完毕，赶快给我站起来。"话音一落，陈超很不情愿地站了起来，但胡峰依然气汹汹地坐在位置上。见此情形，我火冒三丈，恨不能一脚踹过去，于是声音更大地怒吼道："胡峰，三声后，给我站起来。三——二——一。"胡峰依然不理，当我准备从讲台上下去拉起他时，他从抽屉里抽出一把约十厘米长的尖刀，不断地削桌面，虽然嘴巴没说是与我对抗，但这种情形很危险，怎么办呢？如果下去动手，万一冲动起来，发生意外伤了我或者他，都不得了，怎么办呢？就在此时，我的潜意识告诉我，不能直面冲击，不然后果不堪设想。这时，我内心不断出现诸多情景，印象最深的是：如果我早结婚的话，孩子就是这个年纪，能跟自己的孩子计较这么多吗？如果真动手，从辈分来说也不合情理，退一步，真的打伤这么小的孩子，怎么跟他父母交代呢？况且他手中还有一把刀呢？种种想法之后，我表现出了妥协的态度，于是说："胡峰，请把刀子放下，如果我有小孩的话就跟你年纪相仿，从辈分上来说可以算是你的父辈，你觉得如果打架能打得过我吗？我不会跟你计较，你的事课后跟我讲，现在不能耽误大家，先上课，行吗？"听我这么一说，他迟疑了一会后，放下了刀，但神情特别傲气，似乎意会到我的妥协。由于受这件事的影响，整节课均在一种压抑的氛围中度过。

课后，我找到胡峰与陈超，经了解，他们确实在课前闹了矛盾，并且胡峰正处在下风，心里正思考着如何报仇，所以互相在赌气。无论我怎么样劝说、疏导，他依然想找陈超算账，并将我的善意当作战胜老师的经历，特别得意。由于时间的关系，我们没聊完就不欢而散。事后我把这件事告知他们班主任，请求他跟踪处理，就在反映中，我才了解到：胡峰平时跟奶奶住，父母常年在外，根本不管孩子，慢慢形成了胡峰现在这种"刺头"的性格。事情发展到现在，我头都大了，不禁感慨：在这样的生活环境下，胡峰会做出如此出格的事情，并不是偶然。

事后，我不断琢磨如何才能让他喜欢我，喜欢我的音乐课，以免再次产生矛盾。于是，我阅读了相关书籍，针对这件事，我还请教一些老教师，启发最大的是魏书生老师的那句"受人喜爱是成功的重要因素"。几经斟酌后，我决定每节课提前到教室，一是避免矛盾事件发生，二是通过师生之间的交流，增进彼此之间的了解，加深师生之间的友谊，让他们真正喜欢我，喜欢音乐课。就这样时好时坏了两年多，虽然这些孩子依旧让我很操心，但类似事件没有再发生过。最让我欣慰的是随着年龄的增长，已就读六年级的胡峰越来越成熟，现如今只要有机会，就帮我拿课本，只要有时间，就找我分享他的生活趣事，只要有表现机会，就张扬自己的个性。现在想一想，如果不是当初的妥协，我应该不再是一位人民教师；如果不是当初的妥协，就不会有如今这位积极、阳光的少年；如果不是当初的妥协，如此宝贵的教学经历肯定不会存在。

孩子，毕竟是孩子，我们要给予最大的理解和宽容，经过有效的管理后，也许您当时的妥协和忍耐，造就的就是一位阳光的少年。

评析与拓展：

本则故事，谢老师讲述了课堂中上发生了一件让其下不了台的事件，但由于转变角度，忍耐妥协，收到了意外的收获。这件事及给我们深深的启示："孩子，毕竟是孩子，我们要给予最大的理解和宽容，经过有效的管理后，也许您当时的妥协和忍耐，造就的就是一位阳光的少年。"

基于以上案例的分析，笔者谈谈教育中的忍耐。

平时，我们经常听到身边发生的事情，某某老师打伤了学生，被告了；某某老师，没忍住，变相惩罚孩子，孩子不肯来学校了……

诸如此类事件，可以说举不胜举。但当您静下心来的时候，才真正领悟到"冲动是魔鬼"的可怕。

试想，您的一次冲动，真的能改变这位学生吗？您的一次重罚，真的可以改变他们吗？您的一次训斥，孩子真的怕了吗？

回想，这样的结果，完全是可以避免的。事发当时，忍一下！收到这一信息时，先静下心来反思一下，沉淀一下，究其原因，厘清事件发生的缘由。是我们教师的原因，还是学生本身的原因，或是其他的外因，等等。经过这样的思考后，相信您就不会出现过激行为，更多的是胸有成竹，有的放矢地交谈和处理，其结果也是向着我们预定的目标前行。

教育事件的发生，好多时候是老师的修炼不到家而造成的。初生牛犊不怕虎，或是被"恨铁不成钢"的理想目标冲昏了头，酿成了不可挽回的结果。教育是一项长期工程，需要的是日积月累，没有传说中的立竿见影、妙手回春，更多的是考验我们的耐心。

总之，退一步海阔天空的道理，希望大家好好领悟，深度的教育理念也要好好去学习，让平时的积累铸就成熟稳重、德高望重的我们。

52 我和我的科学课

潘 艺

每个人心里一亩一亩田，每个人心里一个一个梦……用它来种什么？用它来种什么？种桃种李种春风……

——三毛

是啊！又是一年春到时，看着相册里学生们的一张张笑脸，他们笑得多么灿烂，就像是春风吹过后，正在尽情绽放的花朵一样。我不禁有些感慨，与学生们相处的情景好像放电影一样，一幕幕浮现在我的眼前。

记得刚接到担任小学科学课程教学任务时，我心里一点把握也没有。由于科学课长期得不到重视，科学课一直都被其他课挤占。而学生眼中的科学课不过就是手中的这本“科学”课本。一点儿学习积极性也没有。

教师们都知道，学生漠视某一学科，实际也是在漠视这个学科的任课老师。最好的办法就是找到一种能激发学生学习科学兴趣的办法，让科学走进课堂，走近学生，这样才能收到最好的教学效果。

几节课后，我发现学生们很喜欢上实验课，好吧！那就以此项活动作为突破口，让学生做自己喜欢的事情，让他们亲自动手操作实验。

做“点亮我的小灯泡”实验活动，是分组操作，其中有一个小组的同学争论的声音把我吸引了过来，问明原因才知道小组里的成员由于意见不一致总是接错线路，导线里的铜丝被拧断，导致小灯泡无法点亮，于是想要放弃实验。我告诉他们不需要害怕错误，要知道错误只是学习新东西的机会。科学实验也是如此，即使实验失败，我们还是会从中学到有价值的东西。

这样的学习方式受到了学生的欢迎，经过一段时间，我欣喜地发现学生们学习科学的态度在悄然改变，他们开始主动找我问问题，主动要求到实验室帮助修理实验仪器，打扫实验室卫生。下课后学生们会问：“老师，下次我们还做实验吗？”同事们对我说：“想调你们班的科学课有点难啦！学生会抗议，并要求把科学课还给他们。”所以我始终相信，你若付出了，总会有回报。由于学生们学习态度的转变，我校学生的科技作品在2015年参加霞山区科技节时获得了多个一等奖。

孩子们的笑颜，宛如春天的花朵。只要有春风吹过，明日一定会散发出醉人的芳香。作为师者的我，愿意化作春天的使者，把科学的种子播入孩子们的心田，种桃、种李、种春风……

评析与拓展：

本则故事，潘老师讲述了为了激发孩子们上科学课的兴趣，费尽心思寻觅突破口，最终在带领学生做实验的过程中，得到了有效解决。并告诉我们："孩子们的笑颜，宛如春天的花朵。只要有春风吹过，明日一定会散发出醉人的芳香。作为师者的我，愿意化作春天的使者，把科学的种子播入孩子们的心田，种桃、种李、种春风……"

基于以上的案例分析，笔者谈谈"我的学科我的田"。

第一，我的田由我来耕耘。现如今，在各级部门的重视下，基本不分主科副科，都要进行考试，但在平时的管理和教学中，还是出现对以往所谓的小科不够重视的现象，随意安排任课教师，不检查常规教学，不进行学科教研，任由老师自由发挥。本来是培养能力、增长知识的学科，结果变成了看书写字课，大大削弱了学科本身的地位。像故事中的潘老师，就非常重视学科建设，实现我的田我来耕耘。根据实际问题，自己摸着石头过河，找准入口，采取有效措施，把自己的田耕耘好，争取来年获得好收成。

第二，我的田不容你侵犯。故事中，潘老师向我们讲述了自从学生喜欢上科学课之后，科学课就没人能占用，哪怕实际需要，借用了也得还回来。这就是典型的"我的田不容你侵犯"。大家想想，连耕耘的田都没有了，何谈收成？这是保障结果的先决条件。所以，不管如何，作为学科的建设者、执行者，我们得保障学科授课时间，不能偷懒，更不能让其他学科占用。

第三，我的田由我来播种。感情是培养出来！只要我们付出努力，收获总是有的。所以，我们得播下希望的种子，用心呵护，用心浇灌，争取种子能发芽，长大，最后结出果实，反过来助推我们的学科建设，为他们提供良好的生长环境，为其优质的良性循环奠定坚实的基础。

总之，我们的田，由我来做主，别自负，更别丧失信心，永远相信：冬天到了，春天还远吗？

53　进步家访

区克英

家访是班主任工作的重要组成部分，是德育工作的一个重要手段，对一个学生的全面发展起到相当重要的作用。经过二十年的班主任工作的锻炼，我对家访有着更深的体会。

一般情况下，家访的主要对象是学困生或违纪学生，或者成绩下降得厉害的学生。家访时多是指出他们各方面的不足，提出一些希望、要求等。久而久之，家长就会认为：老师来家访，孩子肯定有问题了。学生则想：这回又糟了，老师又来告状了。有一句顺口溜很能说明学生的心态："老师到家，屁股挨打。"在教育实践中，这样的例子屡见不鲜。我曾有一个学生，家庭环境很差，父母离异，母亲改嫁，父亲终日酗酒，不管家事，他从小就跟着爷爷奶奶生活。由于家庭的变故，孩子缺少管教，养成了不少坏习惯。上了初中以后，孩子更是无心向学，自由散漫，常常违反学校纪律，做事总是漫不经心。接班后，我从生活上给予关心帮助，从思想上进行感化教育，还不时地去家访。当着爷爷奶奶的面，他每次都摆出一副痛改前非的样子，可是父亲的一顿痛打，又打回了原形。家访的效果不佳，我一时无计可施。就在这时候，我开始反思自己的工作方法，感觉到这样的家访不妥，对学生的触动不大。为此我查阅了不少德育教育资料，学习优秀班主任的先进教育理念，由此感悟出道理：出现这样的局面，是有违家访初衷的，弄不好还会适得其反，使学生产生更严重的逆反心理，学生表面上答应改正缺点，纠正错误，暗地里却跟老师较上劲，产生叛逆的心理。经过分析我意识到，对学困生来说，老师家访会让学生和家长产生紧张的心理，这样的家访是不受欢迎的；而对于表现好的学生来说，班主任往往疏于家访，学生得不到老师的关注，会产生失落感，这也是不利于全面发展的。

青少年阶段，身体和心理都处于发展的旺盛时期，他们希望得到关怀和保护，渴望赞美和鼓励，享受尊重和平等。当老师只看到学生的不足而掩盖其闪光点的时候，他们的自尊需要就得不到满足，他们会因此失去自信。尤其是对于一些特殊的学生，哪怕是微小的进步，也是家访绝好的契机，有时还可以从侧面为学生提供进步的机会。为了更好地发挥家访的作用，我思考后在班上宣布将实施"进步家访"，即哪个同学有进步就去哪家家访。听完这个消息后，学生个个都为之一惊，进而欢欣雀跃。他们感觉到，老师家访不再是告状，而是报喜来了，终于心里的一块石头落了地，不再害怕老师的家访了。

在一次校运会上，男子1500米的比赛项目，班上只有一个人敢报名。可以理解，1500米的长跑，的确会让很多学生望而却步。为了完成任务，我只好再三动员。突然有人举手了，只是谁也没有想到竟是班上一位个子矮小、纪律性不太强的学生，没有多想我就脱口而出："小李同学，你敢跑1500米？""敢！"回答得是那么的干脆，那么自信！运动会上的一番拼搏之后，他竟然获得了第二名。校运会后，我在班上特别提起了此事，并给予物质奖励。在表扬的同时，对他也提出了纪律上的要求。一个星期后，他确实达到了要求，我就到他家里进行了家访，当着家长的面说："你儿子进步大了，拿了校运会的奖，为班级争光。"学生和家长听得乐滋滋的，这时，我借机提出了更高的要求。这次家访，既满足了家长和学生的自尊心，又让他们看到了新的希望。在我不断地鼓励下，这位学生的思想发生了较大的变化，在纪律表现方面进步明显。

"进步家访"实施后，很快就取得了成效：学生们为了表现完美，你追我赶，争芳斗艳，良好的班风进一步形成，集体荣誉感不断增强，学习自觉性大大提高，许多家长和学生都期待着老师再次家访。从此以后，"老师家访，心情倍爽！"成了学生的口头禅。在多年的教育实践中，我深刻体会到：老师只有当好"发光体"，才能照亮学生，让学生闪耀发光，快乐成长！

评析与拓展：

本则故事，区老师向我们讲述了利用"进步家访"的方式来转化学困生的做法，并取得理想的实践效果。这告诉我们：老师只有当好"发光体"，才能照亮学生，让学生闪耀发光，快乐成长！

基于以上案例的分析，笔者谈谈教师如何成为"发光体"。

说到"发光体"，就会有个对立面——"黑洞"。作为教育工作者，我们要力争成为孩子成长路上的"发光体"，给孩子在成长路上打气、助力，照亮前方。远离"黑洞"，摒弃对孩子们进行过多的挑剔、打击、责备的做法。

如何才能成为孩子们的"发光体"呢？下面笔者谈谈自己的认识。

第一，一双发现美的眼睛。世界上不是缺少美，而是缺少发现美的眼睛。说得太对啦！美，无处不在，就看您是否用发现美的眼睛去看。一朵花，在摄影师的镜头里，鲜艳耀人，但对于匆匆而过的路人来说，也许就只是一朵野花而已，甚至根本不会去发现。一位"学困生"鼓起勇气叫您一声"老师早！"是很平常的一件事，将其看作是一次教育契机时，会说"你真有礼貌！"而大部分老师就只会回答一句"早！"前者却诠释的是老师发现了学生的"行为美"，而后面的那一种，就是习以为常的行为习惯，错失了一次"发光体"的效用。

第二，一张夸奖人的嘴巴。我们经常说："好孩子是夸出来的。"虽然这句话有点片面，但孩子需要我们的夸奖，是没错的。孩子正处在成长阶段，由于自我分辨能力不够，自主力欠佳，所以定力不够。别人说好，就会觉得好，别人说坏他也会人云亦云，特别是老师。如果在平时，多给予他们赞美，不吝啬我们的夸奖，他们就会在您的表扬中开心前行，在您的指导下茁壮成长，因为您的表扬就是他们前进的动力。

第三，一颗赏识人的心灵。一个"发光体"，可以吸引更多的力量，也会让您发现更多美好的东西，这就源于我们有一颗赏识人的心灵。身边有了这类人，就会经常听到，"今天好精神！""很会说话！""今天在讲卫生方面又进步了！"这些能让孩子们继续发光发热的言语，能让一个孩子勇敢起来，身边的好朋友、知心朋友也会自然而然地多起来。

第四，一种培养人的胸怀。我们的工作，就是教书育人。教书是形式，育人是任务，也是我们的天职。在工作中，我们要树立培养人的胸怀，因为这样，才会有意识关注孩子的成长，科学引领孩子向前迈进，同时，也不会过于计较个人得失，对学生、同事、家长、社会就不会去索求太多，转而换之的是更多地无私奉献，那自然而然就是一个"发光体"，甚至培养出更多像您一样的"发光体"。孩子在这样意识的熏陶下，未来就会是我们社会、祖国的栋梁之材。

总之，"发光体"是我们奋斗的目标，也是社会的强烈需求，愿我们每一位教师，每一位社会个体，都能成为"发光体"，为建设和谐社会贡献一份力。

54　关心带来的改变

史雅静

阳光，温暖着万物；雨露，滋润着生命。当我选择教师这个职业时，我就知道自己选择了平凡和伟大。作为一名人民教师，我在这个光荣的岗位上已经工作了十几个年头，每天面对着几十张天真无邪的面孔，觉得自己工作得很幸福。

作为一名班主任，我想说：每一届学生中都有爱学习和不爱学习的，都有自觉遵守纪律和不能遵守学校规定的。在这些令我头疼的学生中，有一位学生的行为不仅改变了我对学困生的看法，更让我懂得了用真诚和爱心去感化他们。

记得在我教的上一届学生中，有个叫陈×勇的同学，他是在三年级上学期转来我校的，刚到我们班上课的第一天，他就令我刮目相看。一节语文课后，我刚走进办公室，班干部就跑到我面前告状说："陈×勇同学拿您的教鞭在讲台上乱敲。"初来乍到就这么大胆，今后还了得？我气得马上就把他叫到办公室，狠狠地批评了一顿。经过几天的接触，我心里断定他是一个问题学生。果然，上课不专心听讲，随便讲话，下课追逐打闹，不但和本班同学打闹，还跟高年级的同学打架。因此，经常有同学来告他的状。正因为他不爱学习，所以第一次单元考试他只考了35分。

就是这么一个高高壮壮的大男孩，有一天上课时，竟然安静地趴在课桌上不再随便讲话了，我感到奇怪，就走下讲台看着他，我发现他的脸色很难看，用手一摸他的额头，烫得要命。于是我赶紧找来家长联系电话，打通后，我才知道他的父母在外地做生意，没办法回来，他周一至周五是住在学校的，周末才由住在赤坎的叔叔接回赤坎。我又打电话给他的叔叔，可电话打不通，情急之下，我跑到校医室想要点感冒药先解燃眉之急，可校医却说我们不能随便给学生用药，应由家长带去看医生。没办法，看着他难受的样子，我只好拿起他的水壶跑到办公室接饮水机的热水给他喝，边让他喝，边安慰他说："多喝热水，多出汗，感冒会很快好的。"后来我终于联系上了他的叔叔，他的叔叔带他去了医院，打了点滴。

下午，他自己走到我的办公室，看着我却半天不说话。我想了想，说："感冒好点了吗？"过了很久，他红着眼睛说："老师，我好多了，谢谢您！"这件事以后，他变得懂事了，上课不再随便讲话，作业也能按时完成，虽然成绩还是不理想，但我感觉到他想学习了，不会的问题也能主动问同学或老师，和同学的相处也变得融洽了很多。看着他的变化，我乐在心里。

这件事让我感受到爱是开启学生心灵之门的钥匙，老师只有拿到这把钥匙，才能走进学生的心灵，让每一位学生都能在爱的阳光下健康快乐地成长。

评析与拓展：

本则故事，史老师向我们讲述了通过一次对学生的关心，而转化了一位学困生的感人故事。这启示我们："爱是开启学生心灵之门的钥匙，我们老师只有拿到了这把钥匙，才能走进学生的心灵，让每一位学生都能在爱的阳光下健康快乐地成长。"

基于以上的案例分析，笔者谈谈教师把握施爱契机的几个着力点。

在日常的教育工作中，我们对学生付出的爱，可以说不计其数，但真正能起到感化学生作用的却寥寥无几。究其原因，就是我们的施爱契机没有把握住，没有用心去捕捉。那怎样才能让我们对学生的"爱"发挥预期作用呢？笔者谈谈自己的认识。

第一，突发事件。教育过程中，我们经常会遇到教育的突发事件，这些事件的处理，就是我们施爱的良好时机。正如故事中的史老师，由于学生的不同行为表现，而去关注，跟踪处理，这让学生很感动，从中史老师也深入了解孩子的家庭背景，为下一步教育提供有力的依据。

第二，信息获取。教师教育成果的高低，取决于教师手中掌握的信息。这些信息来源很广，有来自前任教师的，有来自学生反映的，还有来自我们和家长的聊天，等等。这些信息被收集后，经过分析整理，可以掌握孩子的心理需求、所处的家庭环境，甚至发生某件事的缘由，在这样的基础上去施爱，就会"爱"到点子上，"爱"到孩子们的心田，甚至有效填补孩子们缺失已久的"爱"。

第三，家校联动。孩子的成长途径有很多，但最能看得清楚，又是我们能自行掌握的就是学校教育和家庭教育，在这里，称之为家校联动。有效进行家校联动、家校沟通，我们可以及时把学生在学校的表现反馈给家长，家长也可以把孩子在家里表现向老师分享，特别是亟待我们协助解决的问题，作用就非常明显。比如孩子在家里受到家长的误会，但出于情面，家长不好向孩子道歉和解释时，学校老师这时给予适当的关心和调解，学生就会觉得老师就是他的益友，是最关心他的人。这样的"爱"就像及时雨，滋润孩子干枯的心田，效果自然就会非常明显。

第四，亮点扩大。孩子，非常敏感，也可以这么形容：给点阳光就灿烂。其实作为教师，最不缺的就是阳光。既然孩子需要阳光，我们又不缺阳光，就应该好好利用，把孩子们的亮点加到最亮，把我们身边的好人好事、孩子的点滴成长合理扩大，给孩子们的生活注入阳光，让孩子们披着阳光在人生路上奔跑。

爱是教育的源泉，没有爱就没有教育，我们更加需要注意方法让我们的爱生根发芽，枝繁叶茂，硕果累累。

55　感动　感谢

王瑞娟

一学期一节的组内公开课早就开始了，很多老师都出色地完成了任务，而我由于前一段时间的感冒，十多天声音都还出不来，挺着急的。这段时间上数学课都是由班长小炫和科代表小文帮忙解释。

星期四早上的数学课后，小文问："老师，您是不是也准备上课给别的老师来听了？"我微笑着点了点头。"老师，您的感冒还没全好，是不是为课着急了？"旁边的小炫说："老师您不用着急，我们想办法帮您，您尽量少说话。"于是我让学生先回去预习。

我上课的课题是"圆周率的历史"，是一节数学历史阅读课，可以让学生自学后独立完成，学生只要在网络或书籍上查找有关圆周率的故事就可以了。上课的流程我安排了三个部分：①检查学生的自学效果；②视频了解圆周率的发展史；③有关圆周率历史知识的问答。于是我把需要学生准备的内容让小文、小炫安排下去。

第二天小炫高兴地找我说："老师，我们搜集了有关圆周率的大量的历史资料和故事视频。很多同学在电视上见过李易锋背圆周率了，都说我们也来比赛背圆周率。"同时，孩子们还给我提出了几点上课的建议，目的是尽可能让我少说话，他们多搞活动，活跃课堂气氛。我同意了他们的要求，增加了背圆周率的环节，把这节课改成了自主活动课。然后，我让孩子们回去进行分工合作：阅读知识展示、问答题的筛选、主持人语言的组织、板书的设计及剪贴等等。上课中该有的都让学生去准备，经过几次的讨论交流，孩子们不断地优化，最后确定了板书：在一个大大的"π"中展示了圆周率的历史。孩子们担心我说话太辛苦，为了让我少说话，选了两位主持人，我只是在开头和结尾说两句话。

一节别出心裁的公开课，就这样在孩子们不断地努力优化后，终于完美地呈现出来，受到了老师和领导的好评。课后我给积极参与和主动配合的同学每人奖励了一颗棒棒糖。

我站在讲台上看着教室里的孩子们笑成了一朵花的脸庞，我也笑了。这时小炫拿着一颗糖递给我说："老师，您也吃糖。"我非常感动地回答说："好！"其实我的心比糖还要甜！

这件事虽然已过去很久，但一直萦绕在我的脑海中。慢慢地，就觉得我们孩子，能力是无穷尽的，是不可估量的，我们没有去挖掘，也没有提供平台给他们施展。看来，"给我一次机会，还你一个奇迹"，用在这里一点都不为过。作为教师的我，得好好反思反思，需要重新定位我们在课堂中的角色。

感谢，可爱的孩子们，给我上了难忘的一课！

评析与拓展：

王老师讲述了孩子们为了让老师减少讲话，尽快复会健康，而自主协助老师进行备课、上课的故事，并且和我们分享了她的心得：我们的孩子，能力是无穷尽的，是不可估量的，我们没有去挖掘，也没有提供平台给他们施展。看来，"给我一次机会，还你一个奇迹"，用在这里一点都不为过。作为教师的我，得好好反思反思，需要重新定位我们在课堂中的角色。

基于以上案例的分析，笔者谈谈课堂中的教师角色定位。

关于课堂中教师的角色定位，教育界众说纷纭，立足点不同，说法也不一致，但大家围绕的就是学生的学习。鉴于此，笔者和大家分享一下来自太阳坪中学唐成花老师心中的教师角色。

第一，教师是教学方案(导学案)的设计者。

如同盖一栋大楼，施工很重要，但大楼的设计也很重要。大楼能否最大限度利用空间，能否节省材料和成本，能否美观和耐用，最重要的是设计。课堂教学也是如此，一堂课能否在有限的时间里让学生学到更多的东西，有更大的收获，教学设计非常重要。近些年教学界热炒"课堂生成说"，似乎教师的预设不太重要了，有的教师甚至提出教师不要写教案了，不要备课了，在课堂上完全生成就行了。似乎只有这样，才能彰显学生的主体作用。有的教师上课伊始就让学生生成课堂学习目标，学生七嘴八舌一番，学习目标就生成了。学生很活跃，但仔细想一想，有的学生连课文都没有读一遍，更没有看课程标准，看着课题望文生义，怎么能把握一堂课的三维课程目标呢？连教师都不能轻松地掌握课文，学生没看课本又怎么能生成学习目标呢？确立一堂课的学习目标并非易事。

我们新一轮的基础教育课程改革已经进行多年，但仍有许多中小学教师对新的课程理念、新的教材体系把握不住。教师是党的教育方针的执行者，是新课程理念的落实者，一堂课要达到什么目标，如何达到这些目标，教师首先要在认真钻研课程标准和教材的基础上提出来。所以我们提倡教师要精心准备一堂课，要把一堂课的三维课程目标巧妙地安排在 40 分钟(有些地方 45 分钟)内，设计几个教学环节，完成什么任务，能否让学生真有所得，这些都离不开教师的认真准备。

苏霍姆林斯基说过这样一件事：一位中学地理教师执教一堂区级公开课，课讲得很精彩，前去听课的老师都入迷了。当这位地理老师提出一个问题要学生回答时，前来听课的一位外校教师突然站起来说："我来回答这个问题"，当他把问题回答完后才觉得自己越位了。课后，外校教师不好意思地向地理老师说："您的课讲得太好了，我听得都忘记了自己的身份。像您讲的这一堂课，备课用了多长时间？"地理教师说："如果说长，我备了30年。我参加工作30年来，每天的学习都是为了准备每一节课。"从这里可以看出，教师平时的学习和对课堂的准备是多么重要。

所谓课堂的生成，是指教师在课堂教学中根据学生的情况灵活变通，不固守自己已有的教案。教师要善于鼓励激发学生的积极性，发现并发扬学生创造的火花，而不是像有些教师备课那样："师问……生答……"教师把学生的答案都写在教案上，那不是预设，那是编剧本。

第二，教师是学生学习的引导者和组织者。

如果说备课是设计图纸，课堂教学就是施工。一堂课学生学什么，如何学，到什么程度，主要靠教师的引导和组织。教师对学生的引导要具体明确，才能提高学习的效率。比如现在提倡学生自学，如果教师的组织和引导不得力，就不能保证学习的效率。江苏省洋思中学提出教师对学生的自学指导要做到"四明确"，即明确时间、明确内容、明确方法和明确要求。只有做到"四明确"才能提高学生自学的效率。教师对学生的引导不仅是知识的引导，还包括方法的引导和情感态度价值观的引导。比如小学语文有一篇课文《陶罐和铁罐》，这是篇寓言故事，写古时候皇宫的御厨里有一只铁罐和一只陶罐。铁罐蛮横，只想和陶罐比结实，看谁不怕碰。而陶罐很谦让，说："我们是盛东西的，只比谁盛的东西多，不比碰。"有的老师在讲这一课时让学生反复表演铁罐的傲慢和陶罐的谦虚，课堂气氛很活跃。这种表演也能培养学生的表演能力，但教师更重要的是引导学生"比什么"，一个班的学生家庭条件不同，像貌美丑不同，这些都不能比，比什么？比学习，比对别人的帮助。要比出好的班风来，比出正气来，这就是价值观的引导。

一篇课文、一节课要学习的东西很多，在有限的时间教师要引导学生学习什么、掌握什么，直接影响课堂教学的效率。一堂课由谁来组织？主要是教师而不是学生。现在看到有些课堂让学生主持和讲课，这是为了锻炼学生的能力，其实课堂的真正组织者还是教师。学生的发挥和表演也是在教师的授意、引导和组织下进行的。一堂课应有几个环节，用多少时间，是分组讨论还是独立学习，都要靠教师的组织。每种组织形式的目的要明确，不要流于形式或赶时髦。如新课程提倡合作学习，有些教师堂堂有小组讨论，似乎只有小组讨论才是新课程的课，没有表演和互动就不是新课程。我曾经听过一节小学数学课，当老师提出一个问题后有几个学生马上举手要回答，老师说："不要着急，四个人一组先讨论一下再来回答这个问题。"学生讨论了5分钟后才让学生回答问题。课后我问老师："学生当时就要回答问题，为什么不让他们回答？"老师对我这个问题似乎感到不理解："现在新课程提倡合作学习，学生没有经过讨论怎么能让他回答？"这位老师把合作学习与课堂讨论等同起来，似乎只有堂堂讨论、事事讨论才是落实新课改的理念。

第三，教师是学生行为的评价者。

教师在课堂教学中的评价对学生起着重要的导向和激励作用。教师对学生的评价不同于家长对孩子的评价，有的学生对家长的话往往不听，对老师的话却很在乎。如果说教师有权威的话，教师作为一个家长想管好自己的孩子也并非易事。这是因为教师的评价是借助班集体的氛围来实现的，是一种"场"的作用。一般说来，学生都很重视自己在同龄人或小集体中的表现，教师在全班学生面前表扬一个学生比在办公室单独表扬学生效果要好得多。所以课堂教学中的评价是一种集体评价，教师对一个学生的表扬或批评会对全班学生起到激励和戒免的作用。

在课堂教学中教师对学生的评价是多方面的，如对学生掌握知识和技能的评价，学习态度的评价，学习方法和行为方式的评价，等等。这种评价不是预设的，是根据学生的情况随机进行的。教师的评价是否适时、恰当，对学生产生的作用也不一样。近年来有些老师过分强调"赏识"的作用，对学生一味迎合，不敢批评，搞一些虚假的表扬，整堂课都是"你真棒"。这样不但起不到鼓励的作用，反而会助长学生的虚荣心和不深入思考的毛病。

第四，教师是课程资源的开发者。

新课程提倡开发课程资源，是指师生共同开发，但主要是依靠教师的引导和启发。如何做到用好教材、超出教材，怎样超出教材，开发什么样的资源，主要依靠教师。开发资源的方式有很多，如替换教科书的例子，联系生活实际，补充同类文章等。有些是教师在备课时就要准备或课前让学生准备的，如让学生查找某位作家的资料等；有的需要在课堂上引导学生去想、去做；有的则是在课下去做，如调查研究、小试验、小制作、综合实践活动等。教师是导演，要发挥主要作用。如果把开发课程资源的任务完全交给学生，学生想说就说，想做就做，虽然有利于学生个性的张扬，但在有限的课堂时间内要讲求效率，要反对那种课上忙互动，课下忙作业的做法。有些开发课程资源的活动可放在课后进行，如表演、调研等。尽量节省课堂时间，要向40分钟要质量、要效率，要减轻学生的课后负担。课堂教学要有成本意识，真正高水平的教学不是看课堂上学生是否活跃，而是看看学生的在校时间、课后作业和师生的劳动强度。

总之，在课堂教学中教师是教学方案的设计者、学生学习的组织者和引导者、学生行为的评价者、课程资源的开发者。教师在课堂教学中的作用永远不能被轻视和淡化。

56 让学生阳光成长

陈琰清

有一则故事是这样说的：有一天，太阳和风比赛谁更有力量。题目是谁更快使路上的行人把衣服脱下来。风当然不甘示弱，猛烈地刮起狂风，那力量吹得人的衣服都被掀翻了，风以为胜券在握，没想到那人因为寒冷把衣服裹得更紧了。而太阳不紧不慢，微笑着，释放出热量，那人看见太阳出来了，也很开心，露出了舒适的神色，太阳更热情地微笑，当然气温上升了。那人因为觉得有些炎热，很自然地脱下了衣服。

这则故事告诉我们什么？答案恐怕是仁者见仁，智者见智。但我想大家可能都会得出：正面的影响，微笑、温暖、善意，有的时候比反面的打击，严厉、寒冷、敌意，更容易让人得到快乐，更容易实现目标。这种规律同样适用于和学生的交往和教学中，并且效果显著。

记得那次学校举行演讲比赛，每班推选一名选手。我选了一名演讲稿写得认真的学生，但是他平时比较沉默寡言，他能做到吗？我想既然稿子是他写的，而且他的学习态度很认真，应该相信他，给他一次锻炼的机会。于是我决定交给他这个任务。我想他一定很忐忑，也不自信。毕竟那是在近千人面前脱稿演讲，而作为七年级的学生，还要去和高年级的学长比赛，也没有经验，他一定有点害怕。这个时候，大大咧咧的我，不知哪里来的灵感，首先给他来了节"信任课程"！我告诉他我选中他就是对他有信心，并且以肯定的语气对他说："虽然你从来没有演讲过，但是老师的眼光一向很好，而且你的实力毋庸置疑。"这样子，他慢慢表现出很稳定的演讲状态。在演讲之前，我让他换上西装和衬衫，本来相貌就较为出众的他显得格外有范儿！在班上的排练中，他表现还算不错，我想只要他努力去做了，结果并不重要，毕竟我们学校人才济济。

上战场了。他的表现十分镇静，男孩就是男孩，无所畏惧，当别人觉得他的表现有点文艺腔，甚至有人在底下窃笑时，他也没有慌乱手脚，而是笃定地完成他的演讲，台下的我为他的淡定暗自称赞。演讲结束之后，掌声一片。最后的结果：他的分数是第二名，并列一等奖！感动，快乐，幸福！我和班上的孩子们都乐开了花。听到这个结果后，我笑着走向班级学生中，这时候学生们偷偷地说："老师，低调！低调！"，"庄重！庄重！"呵呵，这帮孩子！而我们的主角却羞涩地低头笑着。我在想：信任真好！完全的信任，往往给人意想不到的收获。

孩子的潜力是无限的，到紧要关头，孩子们往往能够表现得比我们想象得要好。所以，只要我们给予学生们信任、微笑、夸奖、宽容、温暖和鼓励，只要给予他们阳光，他们就会灿烂，而且会灿烂得耀眼！这就是阳光的力量。

评析与拓展：

本则故事，陈老师向我们讲述了一名学生在她一次充分信任下，获得了意想不到的成果。同时和我们分享了她的教育体会："只要我们给予学生们信任、微笑、夸奖、宽容、温暖和鼓励，只要给予他们阳光，他们就会灿烂，而且会灿烂得耀眼！这就是阳光的力量。"

基于以上案例分析，笔者谈谈教师给予学生信任后，会带来怎样的影响。

(1) 保障方案执行的基础。任务下达后，总会制定详细或简单的方案，有些方案的执行，老师只是制定者，实施者就是我们的学生，这个时候，需要的就是我们老师的信任和放手，让学生慢慢领会，慢慢调整。方案的主体是学生，只有学生才有说话权，我们给予的信任就是给予学生最大的支持，为学生顺利执行方案打下最坚实的基础。我们经常说：实践是检验真理的唯一标准。孩子的实践，孩子的经历，就是检验我们方案是否合理的唯一途径。既然如此，我们只有相信孩子，让孩子去探索，去实施，才能保障我们的方案科学有效，才能制定出适合我们班情、校情的方案来。因此，标准很重要，但适合比标准更重要。

(2) 最能挖掘潜能的动力。"给您阳光就灿烂""给我一次机会，还你一个奇迹"等等，都是说明我们每一个人的潜能是无限的。陈老师的这则故事，就是典型的例子，作为一名平行班的孩子，从害怕到自信，从试一试，到拼一拼，从重在参与，到获得佳绩。不得不说，这样的经历，这样的信任，这样的结果，慢慢彰显出了这位学生正在蜕变，正在创造奇迹。

(3) 拉近师生关系的纽带。师生之间的关系，看似平平常常，甚至可以说成"君子之交淡如水"，但一些时候，真的还蛮微妙的，甚至说是有鸿沟的，彼此近在咫尺，却又相隔万里，我们经常会听到有些老师的埋怨："不知这帮'兔崽子'怎么想的，我对他们这么好，竟然还敢羞辱我！"诸如这类情况非常普遍，但您试过没有，我们在合适的时候，给予孩子展示的机会，给予他们足够的信任后，彼此的关系就靠近了很多，孩子就会理解您很多。所以，民间的一种说法好像蛮在理的："不打不相识"。其实强调的就是相互之间要多交流，勤沟通，好多事就是在这样的你来我往中得到解决的。

信任，是工作的需要，是前行的动力，作为教育工作者的我们，多给予孩子信任，少一份无谓的担心，多给予孩子展现的平台，少一句责备的话语，相信阳光的孩子就是在这样的环境中成长出来的。

57　爱的付出与回报

袁凤英

　　光阴似箭，日月如梭。转眼间，我耕耘于三尺讲台，已二十个年头，二十载春秋，二十载风雨。我一路跋涉，一路努力地耕耘着，默默地奉献着。

　　我是一名平凡的教师，没有什么轰轰烈烈的壮举，更没有值得称颂的大作为。我觉得当一个老师挺苦挺累的，要做一个好老师就更苦更累了。其实，教育不是一件容易的事，其中有激动、有愤怒、有无奈、更有迷茫……但在苦中累中，我仍享受着语文教学带来的快乐，享受着孩子们学习语文的乐趣，并享受着和孩子们在一起的点点滴滴……

　　二十年的教书生涯，年复一年，日复一日，教了多少个班，送走了多少届学生，都已记不清了，但他们的音容笑貌，他们的言行举止，他们的学习生活……一切的一切，总是萦绕耳边，浮现眼前，让我感慨万千。

　　无论在街道上，在上下班途中，在校园里，每天清晨"老师早上好"那童稚的问候，给我带来一天的快乐和生机；每天傍晚那一声声"老师再见"给我留下孩子们纯洁的心、圣洁的情、深厚的意，净化了我的心灵，让我真正体会到了一个教师所有的幸福和快乐。

　　课堂上，我一贯严格要求：听课要安静认真，积极思考，踊跃回答问题。因为课堂安静，孩子们就容易听清老师的讲解分析，便于不懂时及时提问。这是提高课堂效率的前提。记得上"黄河是怎样变化的"这课时，当学生看到黄河的图片及流向图时，马上激动地议论开了。为了有效掌控课堂，顺利授课，我用锐利的目光扫视整个教室，企图让他们安静下来，但我失败了。整间教室充满了嗡嗡的讲话声。这时，经验告诉我：以静制动。一分钟之后，安静了。当我讲到黄河是我国第二大河时，徐同学立刻大声问："黄河是我国第二大河，还是第二长河？"还没等我回答，班中成绩佼佼者，又是学习委员及课代表的郑同学又发问了："老师，那中国第一大河呢？"同学们都争着提出自己心中的疑问。"同学们，别急，慢慢来，举手提问，让老师一一回答，好吗？""好啊！好啊！"我解释："黄河是我国第二大河或第二长河两种说法都可以。长江在中国及亚洲都是第一长，世界排第三；黄河在中国排第二，世界排第五时"。教室里又炸开了锅。"那世界排第一，第二的又是什么河呢？"天啊，这就是小学生，永远好奇，永远有问不完的问题。我只好耐心地讲解。世界第一的是非洲的尼罗河，第二是……下课后，几个孩子围了过来，我笑着说："你们的课堂也太活跃了吧！"郑同学发言了："老师，语文课过分活跃都好过死气沉沉的某某科的课，我喜欢上您的语文课！"一节课下来，虽然声音都沙哑了，但心里挺高兴的。

课堂，尤其是语文课堂，有孩子们感兴趣的讲解分析，也有孩子们觉得毫无趣味的字词及背诵。有时提个问题，班上仅有几个孩子举手，课堂上静悄悄的。这时，老师就需要鼓励学生，调动学生的积极性，给予学生必要的勇气，让冷清的课堂逐渐热闹起来，让学生能够全身心地投入课堂中愉快地学习，让学生把上课当作一种享受。陶行知先生曾说："爱是一种伟大的力量，没有爱就没有教育。"教育最有效的手段就是"爱"。身为一名人民教师的我，深深地懂得：教师对学生爱的重要性。

记得那次，身体不适，喉咙发炎，为了不影响上课，我急着早早去医院排队挂号。打完针之后，来不及休息就拖着疲惫的身体跑回教室上课了。下课后，很多学生围过来，关心地问："老师，你怎么啦？老师，感觉你好累啊！"看着孩子们着急的神情，听着孩子们关心的话语，我微笑着说："没事，别担心！"不知何时，桌子上已放着一个面包和一张小纸条，纸条上写道："老师，您辛苦了，送您的早餐！黄同学。"此时，所有的苦和累，都化为感动和欣慰。

因此，无论在教学还是生活中，教师都要对学生敞开心扉，多一些温和友善，少一些责备，默默地付出自己的爱，让爱潜移默化，让爱感化发酵，这有利于学生的身心健康，更有利于他们的学习成长。所以说，老师要有一份童心、爱心与耐心，平等对待每一个学生。正所谓："老师不经意的一个动作，可能会创造一个奇迹；老师不经意的一个眼神，也许会扼杀一个人才。"只要我们付出激情，付出鼓励，付出真诚，付出执着，我们的语文教学将会撑起灿烂的一片天！

评析与拓展：

本则故事，袁老师以"爱"为主线，向我们讲述了两个比较感人的故事，并和我们分享她的工作心得：教师无论在教学还是生活中，都要对学生敞开心扉，多一些温和友善，少一些责备，默默地付出自己的爱，让爱潜移默化，让爱感化发酵，这有利于学生的身心健康，更有利于他们的学习成长。

基于以上案例的分析，笔者谈谈教师心中的回报。

作为一名人民教师，大家都是捧着一颗心来，不带走半根草。教师在社会中无私的形象塑造，有我们的一份功劳。

日复一日、年复一年的工作，最值得欣慰的，就是每年六月的桃李芬芳，每年九月教师节的问候，每天迎面的会心微笑和那声真诚的"老师好！"

教师，天底下最为光辉的职业。他的光辉，源于工作的本质——成就莘莘学子的成长；他的光辉，源于学子的期待——培养祖国未来的接班人。

教师，平凡而高尚的岗位。平凡，因为我们是学子的良师益友，是家长们的朋友，是一名社会底层最为普通的教育工作者。高尚，则是因为我们的天职，学生能在职场驰骋，源于我们长期的助力和付出。

教师的付出，从不奢求回报，但心存感恩的学生却用动情的书信表达，用煽情的问候传达，勾起我们作为教师的一阵阵自豪，激起我们作为师者的一丝丝思念。

我们作为师者，每当学生回乡，懂得登门拜访，就是一种伟大的回报举动，如果学生能成为社会的栋梁之材，那就是我们十几载心血的结晶。

愿天下师者健康长寿，桃李满天下。

58   童真可贵

谢宏卫

童言无忌，童心可爱，相信大家都是用这样的字眼来形容儿童。是的，这些词语充分体现童心迷人的一面和可贵之处。

由于我们被急功近利、恨铁不成钢的念头冲昏了头脑，不时出现扼杀学生那些彰显童心的行为，甚至还千方百计控制这可爱的一面发生。这些行为，值得我们深思。

唐代文学家、哲学家刘禹锡在《伤往赋》一文中写到："诚天性之潜感，顾童心兮如疑。"强调了对童心的把握和尊重的重要性。扪心自问，在课堂上有多少老师能做到呢？

在上个学期的一节音乐课上，我心里本来就有点闷闷不乐，走进教室后发现，教室的情景更是令人烦闷：满是嘈杂的声音！好不容易让学生安静下来，突然传来"噗通"一声，第二组第二张桌子上的水杯掉到了地板上，方圆两米洒满了水，本来就脏兮兮的地面更加让人难受，教室顿时又恢复到刚才乱哄哄的场景。这时，我的气真是不打一处来，于是按照"惯例"，马上"下令"："请到后面做 100 个上下蹲！"这水杯的主人只好快速捡起水杯，颤抖地盖上杯盖，满脸通红地走到教室后面，开始执行我的"命令"。

这女孩做上下蹲的全过程，我没有理睬，结束后，我也忘记叫她坐回座位，而是继续进行我的教学。也许是这招"杀鸡儆猴"起了作用吧，这节课的气氛在这个小插曲之后越来越好了，而我也慢慢平静了下来，全身心投入课堂教学的角色。后来，课堂进入歌曲律动创编环节，按照课程的安排，本节课所学的歌曲可以自由创编几组基本律动。

我笑容满面地提问："哪位同学愿意展现一下自己的创编成果呀？"

教室里面竟然鸦雀无声，没有一个孩子举手。可能，二年级的孩子们还是有点胆小。

　　时间一分一秒过去了，仍然没有学生举手，我站在讲台上有点手足无措了。忽然，有个清脆的声音响起了："老师，让我试一试吧！"

　　循声瞧去，竟然是刚刚那位被我惩罚的女同学，是她第一个举手！我呆住了：难道她忘记了刚才老师对她的惩罚？难道她一点都不记恨老师？

　　于是我马上请她出来表演，她出乎意料地随着大家的歌声创编出四组个性化的律动，顿时让我愕然！同时我也在反思：我刚才是不是太过分了？是不是忘记了她还是个孩子？孩子怎能不犯错呢？想到这些我不由自主愧疚了起来……

　　小女孩表演完毕后，我毫不吝啬地对她进行大力表扬，并热情地请她坐回位置。而她那充满笑容的脸庞、得意的神情足以告诉我"她很开心"，对于刚才发生的一切她早已忘得一干二净，陶醉在幸福的赞美声中。

　　课后，我久久不能平静，我的大脑中闪现过无数问号。假如不是这一声"噗通"，就不会有惩罚的"命令"；假如不是她可贵的童心，就不会有大胆展现自我的勇气；假如没有我及时的反思与改变，就不会有后面彰显童心可爱的一幕；假如……

　　思考中，让我想起明代李贽在《童心说》一文中的一句话："夫童心者，绝假纯真，最初一念之本心也。"是的，二年级的学生，只有七八岁而已！哪懂什么叫学习！哪懂什么叫惩罚！他们就是带着一颗童真的心，走进温馨的校园，体验学校的生活，参加简单的学习活动，而不是我们所想的考试考试，得分得分，排名排名……

　　风从水上走过，留下粼粼波纹；阳光从云中穿过，留下丝丝温暖；岁月从树林走过，留下圈圈年轮。亲爱的伙伴，我们从时代的教育舞台上走过，能留下什么呢？我想，如果我们能给富有童真的孩子们留下纯真的快乐，足矣！足矣！

评析与拓展：

　　本则故事，谢老师讲述了课堂中一位犯错的女孩，由于童真的可爱，反而给老师带来更多的思考。最后谢老师还向大家分享了自己的教育心得：教育之路上，我们能给富有童真的孩子们留下纯真的快乐，足矣！足矣！

　　是的，孩子毕竟是孩子，身心健康最重要。如果在受教育的过程中，能享受到快乐，或者说能快乐地享受教育，是多么好的境界。爱因斯坦曾说："学生忘掉在学校所学到的一切，剩下的东西就是教育。"可见，教育，是一种隐性的能力、思维和理念，并非大家所认为的数学、语文、英语等各学科。

　　基于以上的案例分析，笔者谈谈孩子心中的快乐！

　　作为教师，我们亟待了解，孩子怎样才会快乐？怎样才能得到快乐？

　　外因方面。孩子的身边就是同学、老师、家长，这些人的评价和引领，直接影响孩子的行为表现。肯定的语言，赏识的目光，能给孩子带来正向的快乐；集体的活动，师生的共建，能给孩子带来合作的快乐；父母的陪伴，兄弟的互助，能给孩子带来亲情的快乐……这些，是孩子不能控制的领域，但又是我们孩子天天接触，时时期待得到满足的快乐。

内因方面。孩子本身，就是决定能否快乐的主要个体元素。性格内向，需要活动来改善；行为外向，需要平台来展示。这些，都是决定孩子快乐的方向。作为孩子本身，可塑性很强，就像一张白纸，看我们身边的人怎么描画而已。现如今，针对不同的孩子，都有着量身定做的培养方案。作为家长和老师们，要练就一双慧眼，对症下药，方得高效，不然就会背道而驰。

孩子的快乐源，各种各样，但我们只有一个目标，就是选择适合孩子的方式，给孩子带来快乐，尽可能搭建个性平台，让孩子们快乐成长。

59 "古惑仔"的"师生义气"

麦燕怡

文伟是我带的 2011 届学生中与我联系最密切的学生之一，逢年过节他必定会召集同学们来看望我，每次做一个重要决定之前他都必定会询问我的意见。毕业三年了，回想起与文伟相处的点点滴滴，我的心中满是欣慰。

刚上初中时，文伟在学校里乃至在整个铁路地区都是鼎鼎大名的"古惑仔"，是年级里的"大哥"。他外表流里流气，成天和一群流氓进进出出。最可怕的是，他在班里一呼百应。一呼百应本身不是什么坏事，但问题在于，他可以一呼百应地让班里的男生一起去打群架！正因如此，我已经往派出所走过两回了，我第二次因为文伟惹事来到派出所时，所里的一位警官看到我直接来了一句："麦老师，又来啦！"听到这话，我心情复杂。学校里的领导已多次向我暗示，要想方设法使他自动退学。然而，每次看到文伟，我都不忍心将他与"坏学生"归为一类。因为，文伟虽然是出了名的"古惑仔"，但是他对我从来都是很尊敬的。他曾经讲过这么一句话：麦老师为了我的事情整天走上走下，太辛苦了。就因为这句话，我知道了他尊敬我的原因。再说，他能在班里一呼百应，绝对有他的个人魅力。

后来我在暗中观察发现，文伟是个很重江湖义气的人，对他好的人，他一定会双倍地对那人好。我就抓住他的这一特点，开始了对他的改造计划。

文伟的父母在学校附近开早餐店，我经常去他们店吃早餐，也就利用这机会，我和他父母熟悉了起来。也因此知道，文伟对父母一直很孝顺，他之所以会成为"古惑仔"，是因为开早餐店的关系。他从小接触的人员比较复杂，有一些所谓的"大哥"出手阔绰，在店里聊的事情听起来很了不起，慢慢地文伟就和他们混在了一起。文伟的父亲是个特别耿直、吃苦耐劳的男人，他受父亲的影响，人品还是不错的，再加上特讲义气，慢慢地也成了个"大哥"。但由于在他身边聚集的人越来越复杂，他也就越来越容易惹是生非了。但尽管如此，他还是每天在早餐店帮忙。由于我也经常去他家店里，在店里忙得不可开交的时候，只要我有空我就会挽起袖子帮忙。时间长了，文伟也习惯了我的帮忙。在这以后我经常听他对他的兄弟们讲这么一句话："这是我爸，这是我妈，这是我老师，你们一定要时时罩着他们三个。"这时，我总会想：其实当个"古惑仔"也并不是太坏的事情。

从此以后，文伟有什么话都会和我讲。开始讲的都是"江湖"的事，然后是家里的事。我问他，为什么这么愿意对我讲这些事，他说："麦老师你有文化，有些事你可以教我，因为我爸说，没文化最可怕。"也许我讲话确实比较有道理，我讲的许多话，他都听。后来我对他说，上课时要遵守纪律，在学校里不要惹事，不要让班里的同学惹是生非，这才是一个有文化的大哥该做的事。他听后，想了想，然后点点头。慢慢地，很多老师都说文伟在课堂不会和老师对着干了，我也再也没去过派出所了。再然后，文伟除了会和我说"江湖"的事、家里的事，还会问我语文题目了。再后来，他的语文成绩及格了！到了初二下半学期的一天，我和往常一样在他家的早餐店吃早餐，他父亲一边煮粉一边对我说："文伟在家里老说起您，说您上课很好听，说您从来不把他当作坏学生，说您教会他很多道理。他还说，等您老了，他会照顾您！"说完，他父亲憨厚地笑了，我也笑了，笑容中隐隐感到自己的泪花。原来尊重学生会换来学生如此的回报。

在后来的日子里，文伟依然做他的"古惑仔"，做他的"大哥"，是一个从来不在学校里惹事的"大哥"。初中毕业后，文伟在技校里学厨师，毕业后到处闯荡，没过多久和一个兄弟合伙开了家咖啡店，因为为人仗义，社会关系广，这店越开越大，他自己独立出来又开了一家，如今已经有两家分店了。他每年教师节和春节一定会来看我，今年过年时他说要报名读电大，拿个文凭。我开玩笑地说："怎么？一下子想通了？"他说："一想起麦老师您，我就觉得，有文化真好。"

评析与拓展：

本则故事，麦老师向我们讲述了如何让一位"古惑仔"变成听话"大哥"的故事。故事环节清晰，情节真实，还向我们表达出："不放弃+实时跟踪+做真心朋友=学困生的转变"。

基于以上案例的分析，笔者谈谈老师如何和学生做朋友。

(1) 真心聊天。苏格拉底曾说："没有一种方式比师生之间的对话更能提高沟通能力，更能启发思维技能。""企业管理过去是沟通，现在是沟通，未来还是沟通。"这些，都是强调沟通的重要性，培养沟通能力的重要性。教师想走进孩子们的内心世界，就得弯下腰，彼此手搭手，进行真心聊天，就是最好的方式。这样的聊天，能给彼此分享快乐和悲伤的机会，能给彼此探讨成功与失败的平台，让聊天无界限，让沟通无障碍。

（2）活动同乐。学校，最不缺的就是活动，但大多数活动，我们老师扮演的就是组织者、评价者，经常是以一种高高在上的形象出现。这种现象，除了活动本身的效用之外，彼此之间的感情，是不会得到任何改善的，但如果我们能作学生中的一员参加进来，就大不一样啦！“六一”游园活动，我们参加他们的抢板凳游戏、节目表演等等，做孩子们的“大小孩”；第二课堂时，我们深入其中，参加他们的足球队、乒乓球队，帮助他们提高技巧，树立自信心，增强彼此的存在感。这样师生同乐的活动，是最能形成知心朋友的途径之一。

（3）多份理解。人无完人，金无足赤。每个阶段的人，都有着这一阶段的年龄特征，比如大人就会表现得很稳重，做事效率高，但小孩则表现得很好动，做事心不在焉；如我们运动是为了锻炼身体，不然，就懒得动一下，而小孩呢，只要他开心，可以蹦蹦跳跳一整天。因此，对于小孩，我们要了解他们的年龄特征，对一些孩子的行为予以理解，多一份关怀，那彼此之间的伤痕就会慢慢愈合，成为知心朋友。也只有这样，作为老师，才会舒心，才会生活在工作的幸福当中。

我们和孩子成为朋友的途径很多，以上，笔者只是抛砖引玉，希望能对大家有一定的借鉴作用。

60　让来者安心快乐

梁妙云

“修己以安人”是《论语》中孔子对子路说的，作为一名心理辅导老师，修己以安学生，安家长，修己以使周围的人们能够安心快乐。

成长如歌，缤纷多彩。生活中，我们时刻都是这支歌的演唱者，又时刻都是这支歌的听众。可是，有时听着、听着，会情不自禁地掉下了泪水：那是发生在2017年3月13日下午放学后，那一次的聆听，使我终生难忘。她的爸爸在校园里自杀，目睹一切的她，我如何让她安心呢？

想死不是因为太痛苦，而是没有活着的理由，也许，这是她爸爸的选择吧！这时只有告诉她忘记悲伤，一切重新开始，珍惜现在的生活，树立新的目标，诞生新的希望，要努力过好现在的每一天，努力学习，勇于竞争，让人生变得更加丰富多彩。

因为我们有能力思考生活的奥秘，思考情感的温馨，思考那抑扬顿挫带给我们的启迪，在响亮的回声中漫步前行。

成长的回声，有时会是一首悠扬的乡间小曲，那是一幅自然和游戏交织的画卷。在人生道路上，跌倒时希望有人扶持，忧虑时希望有人分忧，寂寞时希望有人陪伴。因为生活犹如春天的嫩草，充满活力与希望，也给人带来新生的力量和希望之火。因为生活犹如炙热夏日里的一阵凉风，把枯燥与烦闷一拂而尽，带来轻松愉快的感觉。

成长的回声，有时是一支动人的抒情小段，那是蒙蒙春雨中的潺潺细流，在心灵中流淌。记得有一位七年级的学生说过：他爸爸每次送他上学，都鼓励他战胜失败，好好学习，爸爸为了全家整日操劳，嘴边还时常挂着笑，爸爸时常用激励的话语告诉他如何坚强。

成长的回声，有时会是一曲激昂的进行曲。一次月考后，成绩没有发下来，九(4)班的她从老师的眼神当中看懂了一切，老师的批评并不严厉，但每一句话都重重敲击着她的心灵。我辅导她方法，让她更加努力地学习，更加拼命地向前，让她安心、快乐地度过剩下的复习阶段。

聆听成长的回声，不只是听一首歌，我在回声中听到了一个崭新的声音，一个比回声更能激荡人心的东西就是来自远方的呼唤。让来者安心是我的职责。

聆听成长的回声，发现生活中的乐趣无处不在。聆听回声，正视来者，不放弃让他们同自己的弱点斗争到底，回忆是为了更好地记住，回声则是我们成长的记录，成长的回声，我们更要坚定向前。

修己以安人，希望来者永远安心快乐！

评析与拓展：

本则故事，梁老师以散文的形式，向我们讲述了发生在自己心理咨询师工作岗位上的几个小故事，感人且具特色，暖心夹带期望，给我们重重的启示：修己以安人。

《论语·宪问》："子曰：'修己以敬。'曰：'如斯而已乎？'曰：'修己以安人。'"这是孔子与弟子的真实对话，颇具哲理和教育意义。翻译成现代文，就是提高自身修养，使人民安乐。这是一种把自己圈系到周围与国家层面的大智慧、大抱负。

正人先正己，正己先正心。基于以上案例的分析，笔者谈谈身为师者，如何正己正心？

(1) 行正。作为教师，我们经常以"为人师表，身正为范"来约束自己，以提醒自己，我是一位人民教师，一言一行，都是孩子们学习的榜样，模仿的标杆，不能为所欲为，需以遵守日常行为规范为标准，给身边孩子树立良好的榜样。

(2) 心正。心是行动的总司令。心中所想，就会配上与心一致的行动。我们不管在家里发生什么事，在社会上受到怎样的委屈，绝不能把情绪带到学生的面前，甚至转嫁到学生的身上，否则容易造成严重的教育事故，甚至给自己的人生扣上"不理智"的黑帽子。

(3) 言正。语言是人的一种装饰，也是人与人沟通的主要渠道。从一个人的言语中，一定程度上可以看得出一个人的人文素养、精神面貌。特别是老师，如果您的语言含糊不清，三句不离俗语，学生听着听着就会很乏味，更有甚至，还影响了学生的日常言语习惯。而如果您说话口齿伶俐，字正腔圆，妙语连珠，深深吸引了孩子的注意力，丰富了孩子的表达辞藻，那影响就是正面的。

(4) 研正。学术不容我们忽视，更不容我们弄虚作假。我们需踏踏实实地做好我们的教育教学研究工作，服务我们的学生发展。研究，是我们作为教师的主旋律，是我们每一位教师必须面对的话题，现如今，社会对我们的要求，就是每一位教师都要成为一名研究型教师，以顺应新时代的发展。正如习近平总书记所说："一个优秀的老师，应该是'经师'和'人师'的统一，既要精于'授业''解惑'，更要以"传道"为责任和使命。"如何传道，如何授业和解惑，光有知识行吗？不行的，需要我们一如既往地学习，研究，知道知识的来源，更要晓得传送知识的技巧，合二为一，齐步同行。

总之，我们作为教师，教书是工作方式，但教育却是最终的目的，我们要率先垂范，做好行正、心正、言正、研正，给学生树立榜样，发挥潜移默化的感化作用，助推祖国教育正向发展。

61　教育点滴

杨小冰

夜阑人静之际，细数生命的节点，打开记忆的闸门，我犹如海边捡贝壳的小孩，随手捡拾起了几个精致美丽的小贝壳，让人赏心悦目。那是作为"人类灵魂工程师"的小体会，我尝到了教师工作的辛酸与甜蜜。

初为人师

俗话说："万事开头难"，现忆教十五载，深感在教育事业的道路上前行的不易。2001 年，清晰记得刚踏出师范的校门，我就迫不及待地想投身到教师队伍中，心中满怀激情与希望，脑子充满着各种美好的幻想，眼前频频浮现着电视荧幕上师生和谐共处的浪漫画面。啊！真的好快乐！然而，生活是现实的，也是残酷的，我被重重地打醒了。

抱着新领的教科书和备好的教案，迈着轻松的步子，我走向了八(3)班的教室，可里面却传来一阵阵的喧闹声。在极力地控制下，我终于使教室安静了下来，但课上得有些吃力，心想这应该是学生展示的下马威，我试着强忍，可有一个男生一直无视我的存在，扭头叽叽喳喳地说个不停，时不时还用不屑的眼光挑衅着我，我终于忍不住了，靠近他的座位，拎着气出来的力量，拿起课本，对着他的桌子拍了下去，他却误会我要打他，伸手就挡了上来，他的手打到了我的身上，我可不能示弱，不然以后还怎么管理学生。一股火气又涌上心头，我真的要去打他了，一个巴掌刚抡起来，他却抬起了脚……两个人就这么打了起来，幸好周围的同学把他拉开了。我人生中唯一一次打架就印在了我初为人师的记忆当中，满肚子的心酸和委屈。"理智！理智！理智！我是一名人民教师，要为人师表，要做学生的表率，教书育人，引导学生成长，我怎么能与学生对立起来了呢？"课后，我主动找学生过来与他谈心，了解了他的内心世界，从各个方面让他认识到自己的错误，最终学生理解我，向我道了歉，从此在我的课上他都主动帮我管纪律。从这件事我也意识到了自己的不足。有句话说得好"没有教不好的学生，只有不会教的老师。"主动与学生沟通，让学生理解尊重老师，与学生的距离近了，很多事情都能解决。有些事情不是非要在课堂上去解决的，老师的工作更多的是做在课外，这样课堂效果才会更好。

初为人师让我体会到了教师的不易，也让我深刻地反省了自己，终于认识到要塑造好教师的人格魅力，才能赢得学生的尊重，而不是靠一味地对学生施压，这样反而会引起反弹。这次事件之后，我再也没有对学生动过手，与每一届的学生都成了交心的朋友。

以苦为荣，以苦为乐

当老师总要当班主任，不当班主任也就会少尝一份"老九"的艰辛。班主任确实是一个又苦又累的差事。如果学生已经培养起来了，那就很轻松，如果是新接手的班级，那就得费点心思啦！除了正常的上课、备课、改作业，还有一大堆班级中的琐碎事情要处理。我想与大家分享我一天的工作记录，看看班主任是如何工作的。

早上早早来到教室跟踪清洁区的打扫，接着跟早读，上课。上完了课别以为可以休息了，最近学校要评选"最美教室"，我要与学生一起去买各种材料来装饰班级，还要担任设计师，与学生共同设计教室各个角落，力求把教室打造成一个既温馨又富有文化气息的学习园地。可是这头还没忙完，学校的班级足球赛即将开始，男生们的球服还没准备好，这不，男生跑来请我中午带他们去订球服。放学连饭都没吃，饥肠辘辘的我就带领着队伍跑去金纺服装城帮他们订衣服。挑款式，讨价还价，球服图案设计等，终于搞定，就这样，一个中午也过去了。吃过中午饭，就直接去学校上班。上完课，放学又给学生辅导硬笔字，因为硬笔字比赛将于下周开始。

一天下来，我就像个旋转的陀螺，没有停息，而且一个班主任还要多才多艺才行，有时连自己都忍不住佩服自己的"万能"了。在这当中我也不忘培养学生的能力，学生跟着我学到了如何做事，慢慢地就开始理解老师的辛苦。工作虽然辛苦，甚至不能按时吃饭，但在这过程中还是能收获快乐的，正所谓："一分耕耘，一分收获"，春天播种了，秋天才能收获果实嘛！

记得教师节那天，我们班的同学就偷偷瞒着我，自己组织了教师节的活动。当我踏进教室时，全班同学都起立齐声呼喊"老师，节日快乐，老师，您辛苦了！"课后，他们一个个把自己精心准备的小礼物都堆放到了我的办公桌上，礼物并不贵重，却满是学生的心意。学生学会了感恩，让我感到很欣慰。平时这帮孩子如果谁的家里有什么活动，第二天，他们也会给我带点小礼物回来，与我一起分享他们的快乐，把我当成了他们的家人，这让我心里一直暖暖的。有这么一群乖巧懂事的学生，我真觉得当教师是一份甜蜜的事业，曾经的辛苦只不过是我们的调味剂罢了。

逝去的时光给我留下了许多美好的记忆，仰望星空，点点的星光仿佛在指引着我要在教育事业上创造出更好的成绩，发光发亮，照亮学生前进的道路。常言道："大树底下好乘凉"。所以我又想成为一棵大树，把根扎得更深，把枝叶长得更茂，让孩子们在我的庇护下茁壮成长。

评析与拓展：

本则故事，杨老师向我们讲述了如何处理与学生发生的冲突，还罗列了一天的工作记录，这一切，在得到孩子们的理解和感恩后，杨老师倍感欣慰与满足。在故事的最后，杨老师大胆分享了自己的教育情怀。在此，祝福像杨老师一样的教育工作者，愿你们桃李满天下。

基于杨老师的工作体会，笔者谈谈如何让我们每天辛苦的工作成果化。

(1) 勤思考。思考力，是做好一件事的基础，如果勤思考，那就会做好诸多事。有则小故事，和大家分享：一位非常勤奋的员工被公司解雇了，这位员工觉得很费解，于是无辜地向老总哭诉，我工作了30年，任劳任怨，为公司做出了突出贡献，没有功劳，也有苦劳啊！怎么就解雇我了呢？老总直接回答他，你不是工作了30年，而是工作了1年，只不过是重复了30次而已。这就是在工作中，不思考的后果。现如今，每个单位都在创新大道上奔跑，而你还依然是穿新鞋走老路，不断重复昨天的故事，会被社会无情地淘汰。韩愈曾言："业精于勤荒于嬉，行成于思毁于随。"诠释的就是这一道理。

(2) 勤提炼。工作辛辛苦苦，经过几十载，到退休时却没有一件拿得出手的教育成果，没有形成影响后人的教育思想和理论，那真的可以用"荒废此生"来形容也不为过！有句话讲得很好："教而不研则空，研而不教则虚，研而不成文则失。"我们精心设计的实践方案，经过这么多次的实施，我们肯定会产生很多实践感悟，这时，就应该写下来，留下来，积少成多，慢慢也会在这样的反思，这样的提炼中，感悟工作的所以然与之所以然，让您从繁杂的体力劳动中，走向理性的反思和提炼，形成丰硕的研究性成果，经过一定量的积累后，将会发生质变，届时丰硕的教育成果就会孕育而生。

(3) 勤学习。学习，阅读，是教师保证青春魅力的有效途径。喜欢学习的人，处处都是学习资源，事事都是增长经验的机会，并且，他们身边的人，经历的事，手中的书，相互之间的聊天，都成为他们学习的平台。勤学习的人，不会因为失败而一蹶不振，不会因为成功也欣喜若狂，而是以一种成长的目光和心态面对，稳重而深远。学习，就是我们前行的加油站，让我们更具持久力；学习，就是我们远航的动力，让我们孜孜不倦。

工作是过程，成果是加油站，是更高目标的新起点，只有勇往直前的，只有爬到山顶的，才能亲临日出的奇妙，欣赏到山那边的绚丽风景。

62 教育需要宽容，但不纵容

许云静

教育是一门科学，是一门塑造人的科学，教育更是一门艺术，一门让心灵升华的艺术，而宽容是进行这项艺术创作必不可少的手段。有一位哲人说："年轻人犯错误，上帝也会原谅。"为人师者，年岁长于学生，知识广于学生，阅历丰于学生，涵养胜于学生，所以，教师对学生要宽容。宽容学生的缺点，宽容学生的不恭，宽容学生的失误，宽容学生的幼稚。"教师是太阳底下最光辉的职业"，教师的宽容就是太阳放出的光芒。宽容像一缕阳光，能照亮莘莘学子心灵的每一个角落；宽容是一丝春雨，能滋润学生龟裂的心田；宽容是一首美妙的歌曲，能唤起学生对明天的向往。而教师应该做宽容的使者。

新课标改革倡导"人文关怀"，强调"师生平等"，提倡宽容教育，各种教育法规也一再强调关爱学生，拒绝惩罚。这些无疑为我们的教学注入了无限的生机与活力。然而，先进教育方式的使用需要把握一定的尺度，否则就会适得其反。当我们的苦口婆心换来的是学生的"涛声依旧"时，当我们在激情与困惑的碰撞下茫然失落时，我们不得不承认：无节制的宽容教育，实际上对学生是有害无益的。即使一时可能有效，但如屡屡滥用，无异饮鸩止渴，将会后患无穷。

我当了八年平行班的班主任，平行班的学生大都学习积极性不高、自律性不好，想要他们遵守纪律，往往是一个斗智斗勇的过程，在这个过程中我深刻地体会到了教育需要宽容但绝不能纵容的道理。

还记得刚当上七年级一个平行班的班主任，班里有很多不爱学习的学生，上课也不认真听讲。有部分同学喜欢看课外书，这本不是件坏事，但他们更喜欢在课堂上看，特别是在自己不喜欢的科目上面，或上课老师管得不严的课。胆子小的学生会低头看，胆子大的学生直接摆在桌面上看，"聪明"的学生会在课外书外贴个课本封面。班干部有好几次和我反映，说某某同学在语文课上看课外书，某某同学在历史课上看。我就在班上强调课堂纪律，晓之以情，动之以理，告知学生上课看课外书的危害，并为之制定了班规，其中一条是要没收书籍。好了一两天后，又有科代表说小明同学在英语课上看课外书，而小明不肯将书给班干部没收，我叫上小明，想按班规没收他的书，可他一见到我，态度特好，说："老师，我错了，我以后不在课堂上看了，您别没收我的书，行不？我这是借的，要还的。"我看这态度，好呀，心就软了，告诫他不能有下次，就放过了，然后又在班上强调了一次纪律。

又过了几天，我上数学课，上到一半时，发现班里那位平时上课话多、喜欢捣乱课堂、有一定影响力的小康安安静静地坐在位子上。这节数学课前半节上得特别顺利，我心里不禁窃喜：难道他进步了，被我感化了。可我走到他的位置上才看到，他正抱着一本厚厚的小说看得聚精会神，旁若无人。我顿时火冒三丈，敢在我班主任的课上看课外书，何况我还三番五次严令禁止呢！于是我一扯他的书，"收了"。他看得正精彩，发现被我收了书，恼羞成怒，一把把书抢了过去。我没想到他会抢书，没防备，书被抢走了，我叫他给我，他不给，态度还非常强硬。我们在僵持着，那些不好好学习的也喜欢在课堂上看课外书的同学在旁边幸灾乐祸，等着看好戏，就看班主任怎么处理。我发现这样不行，如果我和他抢，我这瘦弱的女子肯定抢不过一米六五健硕的他，还会让自己丢脸，师生关系也会闹僵，这堂课也没法继续了。我想还是"忍一时风平浪静，退一步海阔天空"吧，于是我深吸一口气，强压怒气地对他说："这是一节数学课，为了不耽误大家学习，你可选择遵守课堂纪律留在教室继续上课，或到教室外面看课外书。"他见我不抢他的书了，态度也软了下来，自己想了想，还是把课外书收起来，安静地上课。我则选择暂时失忆，继续进行课堂教学。

一下课，我就找他到办公室，他一副"反正我不给书，你爱咋地就咋地，无所谓的样子"。我先对他说："今天这节课我本来在心里是表扬你的，你知道为什么吗？"他一听不是批评他而是表扬他，态度就好了很多，不解地问："为什么？"我说："一是因为你上课不吵了，老师上课很顺利。二是因为你没浪费上课的时间，不是一无所获地坐了40分钟。"他一听，乐了，然后又不解地问我："对呀，那老师你为什么要收我的书呀？"我继续问他："你知道在学校这种书为什么叫课外书吗？"他不出声，我接着说："课外书，顾名思义就是课堂外看的书，对不对？"他点点头，"那在课堂上看，对不对？"我问，他开始不回答，逼得紧了就说："不对。"我又问："不对，为什么去做？"他说："我不喜欢数学，听不懂。""那听不懂就可以爱干嘛就干嘛吗？"我继续问。他想想说："不行。"后来我和他聊了许多，他态度软下来说，"老师，我下次不看了，你别收我的书了吧，要赔钱的。"我觉得硬收他的书，他不一定给，还会破坏我们刚建立的和谐关系，但不收，前面有个小明，现在又有他，班里这种上课看课外书的风气，我就无法禁止了。于是我和他商量着说："我们的班规是要收书的，你不愿给，好，我尊重你的选择，那就请家长来吧，我好和班里同学交待呀，不能因你而特殊吧。"他一听，要请家长，打死也不愿意，不断向我求情。我看他态度好了很多，也不想为这事请家长来，就装作勉为其难地对他说："我看你还是挺懂事的，不想麻烦家长，行，我又一次尊重你的选择，不请家长来，我们自己解决，但你要答应我一个条件。"他一听不收书，还可以不请家长，赶紧讨好地问："好，什么条件？"我说："你先写个借条，算是把这本书借回去，如果一个月无课堂违纪现象，这借条作废，如做不到，就按班规把书给我或请家长来。"他想了想，以他三天两头就违纪一次，他怕了，犹豫不决，我接着说，"你看，如果你做好这一个月，就相当于你赚了30元，还不用麻烦家长，你干不干？"他左思右想，最后狠下心说："好，我干。"于是我们和平地解决了此事。后来班里再有人看课外书，我就参照这件事的处理方法，别的同学看小康都如此，他们也愿意照做。慢慢地在课堂上看课外书的人少了。

苏霍姆林斯基曾经指出："教育者的任务是既要激发儿童的信心和自尊心，也要对学生心灵里滋长的一切错误的东西采取毫不妥协的态度。""宽容，但不纵容"，这是一种境界，是一种艺术，更是一种智慧，这也应该是我们追求的理想的师生关系。

评析与拓展：

本则故事，许老师讲述了如何处理学生在课堂上看课外书的故事，向我们诠释了"教育需要宽容，但不纵容"的教育理念。如何在宽容而又不纵容的尺度下，达到我们的教育目的，这就需要较高的教育艺术。

基于以上案例的分析，笔者分享一篇《教育的艺术是爱的艺术》的文章。

教育的艺术，从广义上来说，即是因为教育者和被教育者的爱美的本能被激发，从而达成的一种和谐或者秀美的风韵。低层次的教育艺术，是因为教育者出于对人类和社会的兴趣或者受到环境的压力，从而被激发并在教育者中被实施的；高层次的教育艺术，是教育者对教育艺术创造或者是创新的加深、拓宽并力争进入更高的层次，也叫教育者自身对达成和谐的永无止境的探求。

教育的艺术首先是教育者由于热爱教育而产生的感受，通过师生双方的凝聚和传递感情，使被教育者也产生这种感受并保持之。也就是说，教育的艺术是教育者把诸如爱和恨，生和死，生命的起源与终结等普遍现象所产生的瞬间模糊的刺激，矛盾的情感加以提炼产生出一定的形式，使教育者和被教育者能共同在一种激情的(通常也是兴奋的)状态下，淋漓尽致地看到或者感受到这些印象。或者是教师渴望以心换心，用自己的体验去迎接属于自己的生命；学生也同样渴望以心换心，用自己的体验去迎接属于自己的年华。

爱的教育。这里介绍一位大家熟悉的名家教育学生的故事：苏联教育家苏霍姆林斯基"小女孩摘花"的故事。一天，他看到一名低年级的小女孩摘下花房里的一朵玫瑰花，他走过去蹲下，拉着小女孩的手，微笑着问："你能告诉我，你要拿这朵花去做什么吗？"小女孩害羞地说："奶奶病得厉害，她看不到外面的花，我想把这朵花拿回去给奶奶看一眼，等她看完我再送回来。"苏霍姆林斯基被孩子的话深深感动了，他又摘下两朵玫瑰花，送给小女孩，说："这一朵是送给你的，因为你有一颗美丽善良的心；这一朵是送给你妈妈的，感谢她养育了你这样的好孩子。"

少年儿童的心理是脆弱和稚嫩的，犯错误是在所难免的。学生一旦犯了错误，如果我们作老师的便以长者自居，采取炮轰式的严厉批评的方式，让学生在切肤之痛中吸取教训，结果往往非但不能使学生的内心产生内疚和自责，反而会使犯错误的学生产生怨恨和对抗心理。甚至会给学生的心灵蒙上一层阴影，使学生的心理造成难以愈合的创伤。

教育家苏霍姆林斯基，善于用慧眼及时捕捉发现学生的闪光点，并加以强化，给予赞赏。在他看来，一个孩子对老人真纯诚挚的爱，远比她错误地摘下一朵花更值得评价。

爱的理由。纵观古今中外的教育家、成功的或优秀的教师，不难发现，他们身上都有一个共同点，那就是爱孩子，没有爱就没有教育，教育的艺术就是爱的艺术。马克思说过："人就是人，如果人对世界的关系是一种人的关系的话，那么你就只能用爱来交换爱，只能用信任来交换信任。"

我们在平时的工作中也经常说：以爱育爱，以德育德。教育，是塑造人的灵魂的工作；教师，是人类灵魂的工程师。我们的工作，更需要我们付出真爱，培育真爱，收获真爱。

如果说父母的爱是人精神情感幸福的源泉，那么老师的爱则是孩子们热爱生活，热爱他人，以及对社会的信任，形成健全人格的保证。老师的爱能使孩子理解除血缘关系以外的互助之爱，理解之爱，尊重之爱。难以想象一个对他人完全失去信任、尊重，不懂得助人，也不去认真理解别人的人会热爱祖国，热爱生活，热爱人生。

但老师对学生的爱绝不只是嘴上说说而已。只有具有强烈爱心的人，懂得怎样去爱学生、理解学生、尊重学生的人，才配做教师，才能做一个好教师。——爱，是做一个好教师的前提和基础。

爱使我们的付出不再具有任何功利性，爱使教师充分意识到培养人不只是为了达到一些近期目标，诸如通过考试，完成升学而不及其余。只要我们对学生有了爱，我们就会让我们的教育对学生的终生负责，而不再计较是否完成升学的任务，不再计较学生的分数是否对自己的晋升、奖金、名誉有影响。我们就会自觉地实践"德育为首"，自觉地为学生素质的全面提高而实施素质教育。苏霍姆林斯基说："教师对学生真正的爱是一种强烈的不可抑制的愿望，这是一种要把你认为是自己身上最好的东西献给学生的愿望。"所以，只要有了爱和责任，我们就会时时把"不误人子弟"作为自己的座右铭，我们就会自觉地充实自己，提高自己。只要有了爱，我们的眼睛就不再只是盯着学生的错误，我们也就再不会吝惜自己对学生的夸赞，我们就会为学生的每一个微小的进步真诚地喝彩。只有爱学生，才会信任学生，而教师对学生的信任，是对学生最好的鼓舞、期望、和奖励。只有爱学生，才会尊重学生的个性，才能在与学生的精神交往中放下教师的架子，视学生为志同道合的朋友，尊重学生的兴趣、爱好，了解学生的隐秘，甚至学会运用他们表达思想与情感的语言，缩短师生间的距离。爱学生使我们能够诚实地对待学生们，检点自己，使自己成为实事求是，自我完善的楷模，而不是装模作样。爱学生使我们不仅是教师，同时也永远是学生。

爱的艺术。艺高者，一语中的，辞约旨丰。课堂上循循善诱于前，学生孜孜求索于后，教师教得如鱼得水，学生学得兴致勃勃。棋高一着的高手还能运用自己的创造性劳动把教育推向如教育家叶圣陶先生所描绘和倡导的理想境界："尝谓教师教各种学科，其最终目的在达到不需教，而学生能自为研索，自行解决。"即教是为了达到不需再教的最终目的。

艺低者，教学枯燥，内容乏味。尽管课堂上使出浑身解数，可学生还是如坠云山雾中，知难而返。于是，增加补课的时间和考试的次数，并亲自带领学生在"题海"中苦苦挣扎。

艺高者和艺低者的教学效果是显而易见的，他们的教学方法对受教育者的影响也是相差甚远的。

如何提高教师的教育艺术。这是每一个教育工作者都关注的问题。

可以说，我们绝大多数教师是爱自己所从事的教育事业的，是爱自己的学生的。对教育工作和对学生的热爱，是教师情感生活的重要方面，但只有爱是不够的，还应该重视和研究教育的艺术。即"爱的艺术"。作为教师，从某种意义上讲，是在塑造学生的灵魂，我们不希望我们倾注了全部心血和爱的作品是畸形的，丑陋的，我们希望他们光彩夺目，所以我们只强调"有好心"是不够的，我们必须重视和研究教育的艺术，以便艺术地教育每一个学生。正因为有了我们的爱，才会有"卖糖哲学""椰壳效应""驴子和萝卜"等我们的教育启示，又如一位语文教师，很巧妙地解决了一个学生不交作文的问题。一位计算机教师九指残疾的道理，说服学生用十指敲打键盘的方法等等都是我们值得我们学习和借鉴的。

爱的期望。苏霍姆林斯基说过，我们要像对待荷叶上的露珠一样，小心翼翼地保护学生的心灵。最残酷的伤害是对一个人心灵的伤害，最大的帮助是给人以能支撑起人生信念风帆的信任和赞美。实践证明，只有触及学生心灵的教育，才能使学生心服口服；只有当学生的心灵得到温暖的依靠时，我们的教育才会焕发出青春的活力，创造的活力。

因此，无论是理智评判还是情感倾向，没有那一个老师愿意成为一个给学生带来心灵伤害的老师，但在我们的工作中，也难保在有意或无意之中没有伤着学生的心，愿我们能从上述案例中得到教益，愿我们的教育多些艺术。最后，以《读者》上的一段话，与各位教师共勉："在你手中，是许许多多正在成长的生命，每一个都如此不同，每个都如此重要。他们无限的信任你，依赖你，崇拜你，请你务必珍视他们，呵护他们，把他们放在你的手上，你的眼里，你的心中，在你的指引、塑造和培养下，成为更好的人和有用的公民。"

结　束　语

　　在编写本书的过程中，笔者借鉴和参考了国内外一些知名专家的著作和研究成果，引用了一些教师的案例和网络文章，在此向以上所有专家、教师致以衷心的感谢！受沟通渠道所限，我们未能与所有作者都取得联系，敬请给予谅解。

致 谢

　　本书收集了 40 位一线教师共 62 篇教育小故事，分享的是实实在在发生在一线教育工作岗位中的感人故事，在此，由衷感谢 40 位作者的大力支持。

　　本书为了保证质量，提高实践和理论水平，得到了岭南师范学院周仕德博士的全程指导，在此，感谢您！

　　感谢本单位各位领导、上级，各教育行政部门给予的支持！

　　感谢一直关注我校发展的各界领导、家长以及校友们！